GENIOS
◆ DEL ◆
ARTE

FRIDA KAHLO

◆

GENIOS DEL ARTE

FRIDA KAHLO

◆

Coordinación científica:
Juan-Ramón Triadó Tur
Profesor Titular de Historia del Arte
de la Universidad de Barcelona

Textos:
Laura García Sánchez
Doctora en Historia del Arte

Diseño de cubierta:
Paniagua & Calleja

SUMARIO

Mis abuelos, mis padres y yo
1936, óleo y témpera sobre metal,
30,7 × 34,5 cm
Nueva York: Museum of Modern Art

Para reflejar su procedencia, Frida se
representó a sí misma como a una niña
que está de pie en el jardín de la Casa
Azul. Sobre ella pintó el retrato de sus
padres tomando como modelo la foto del
día de su boda. Los extremos de la cinta
roja enmarcan los rostros de los abuelos
maternos y paternos, simbolizados,
respectivamente, por la tierra y el océano.

El pincel de la sinceridad

Frida Kahlo
Fotografía

«He pintado poco, sin el menor deseo de gloria ni ambición, con la convicción de, ante todo, darme gusto... tratar hasta donde pueda de ser siempre yo misma, y el amargo conocimiento de que muchas vidas no serían suficientes para pintar como yo quisiera y todo lo que quisiera.» Frida Kahlo.

Además de una pintora mundialmente famosa, Frida Kahlo fue una mujer de extremos. La fama y el reconocimiento de su talento no mitigaron el sufrimiento que le acompañó toda su vida, tanto desde un punto de vista físico como moral. Su matrimonio con Diego Rivera le deparó un sinfín de alegrías y sinsabores, pero en el terreno pictórico él mismo no dejó de reconocer: «Es la primera vez en la historia del arte que una mujer ha expresado con franqueza absoluta, descarnada y, podríamos decir, tranquilamente feroz, aquellos hechos generales y particulares que conciernen exclusivamente a la mujer. Su sinceridad, que quizá llamaremos a la par tiernísima y cruel, la ha llevado a dar de ciertos hechos el testimonio más indiscutible y cierto; por eso ha pintado su propio nacimiento, su amamantamiento, su crecimiento en la familia y sus terribles sufrimientos de todo orden, sin llegar jamás a la más ligera exageración o discrepancia de los hechos precisos, conservándose realista... hasta en los casos en que generaliza los hechos y sentimientos.»

Pese a que le gustaba identificar el año de su nacimiento con el del inicio de la Revolución Mexicana (1910), lo cierto es que Magdalena Carmen Frieda Kahlo Calderón nació el 6 de julio de 1907 en la Casa Azul, una hermosa propiedad del bonito barrio de Coyoacán, entonces en las afueras de Ciudad de México. Era la tercera de las cuatro hijas del matrimonio de Wilhelm Kahlo y Matilde Calderón. El padre de Frida nació en Baden-Baden, en 1872, en el seno de una familia judía-húngara de cierto bienestar gracias al negocio de la joyería y la fotografía. Matriculado en la Universidad de Nuremberg, el percance de una grave herida en la cabeza que lo dejó epiléptico le impidió finalizar los estudios. La muerte de su madre, Henriette Kaufmann, y la mala relación que estableció con su posterior madrastra le llevó a tomar la decisión de abandonar el hogar familiar y trasladarse a México, país al que llegó en 1891. Se cambió el nombre por Guillermo y, en una estructura favorable para los emigrantes, no tardó en encontrar trabajo como dependiente de varios negocios hasta recalar en la joyería La Perla. En 1894 se casó y tuvo dos hijas, pero su esposa falleció durante el parto de la segunda. Sin embargo, no pasó mucho tiempo hasta el momento en que una compañera de trabajo entró a formar parte de su vida.

Oriunda de Oaxaca, Matilde era la mayor de los 12 hijos del matrimonio de Isabel González, hija de un general de origen español, y Antonio Calderón, un fotógrafo de daguerrotipos de origen indio que, por razones profesionales, tuvo que instalarse con toda su familia en la capital. Tras su segunda boda en 1898, Guillermo Kahlo envió a sus dos hijas mayores a un convento, dejó la joyería y aprendió los entresijos de la labor de su suegro con la intención de hacerse fotógrafo profesional. En un cuadro fechado en 1936 (*Mis abuelos, mis padres y yo*), Frida explica su procedencia a través de los retratos de estos familiares, a pesar de que, cuando ella nació, sus abuelos paternos y su abuelo materno ya no existían. Se trata de un tema que ella recuperaría más adelante, pero ampliado con nuevos miembros (*Retrato de la familia de Frida*).

Gracias a su buen hacer profesional, Guillermo recibió en 1904 el importante encargo del gobierno de Porfirio Díaz de viajar por todo el país fotografiando el patrimonio arquitectónico prehispánico y colonial. Este material estaba destinado a ilustrar los lujosos volúmenes gráficos que debían editarse en conmemoración del centenario de la independencia de México. No obstante, la influencia de su mujer en los ambientes de Oaxaca, el estado natal de su abuelo y de Porfirio Díaz, resultó al parecer decisiva en la naturaleza de aquella petición, puesto que su marido era en realidad un miembro poco conocido de la comunidad de inmigrantes alemanes. Fue considerado por ese trabajo el primer fotógrafo oficial del Patrimonio Cultural mexicano. Con el tiempo, Guillermo instaló su estudio en pleno centro de la ciudad y se hizo con cámaras nuevas y más de 900 placas de vidrio que él mismo preparó. Su técnica fue tomada en cuenta, ya que era muy exigente en su enfoque y con una percepción muy objetiva. Esa prudencia y esa actitud de no «enamorarse» de lo que fotografiaba eran algo que su hija observaba en las salidas con su padre, así como la obsesión por el aspecto compositivo y el cuidadoso uso de la luz y la sombra para captar la arquitectura, delineando las formas. Todo aquel esmero y atención en el detalle los aprendió Frida para sus trabajos pictóricos.

El enclave familiar de la Casa Azul

Aquel primer contrato gubernamental se convirtió en puente para otros trabajos, entre ellos retratar al propio presidente y a su familia. Con las ganancias obtenidas, la familia Kahlo pudo disfrutar de la cómoda y acogedora Casa Azul, una vivienda construida sobre un terreno que formó parte de la Hacienda del Carmen y antigua propiedad de los carmelitas. Con su aire colonial, sus patios, sus amplios cuartos y su distribución, su nombre hace gala del color de sus paredes. Salvo algunos intervalos, allí fue donde vivió la pintora a lo largo de toda su vida.

Matilde y Adriana eran las hermanas mayores. Más tarde vendría al mundo Cristina, la última de los vástagos de la familia. Rememorando su niñez, la Kahlo dejó escrito en cierta ocasión: «Mi madre no me pudo amamantar porque a los once meses de nacer yo, nació mi hermana Cristina. Me alimentó una nana a quien lavaban los pechos cada vez que yo iba a succionarlos. En uno de mis cuadros estoy yo, con cara de mujer grande y cuerpo de niñita, en brazos de mi nana, mientras de sus pezones la leche cae como del cielo.» La artista hacía referencia a *Mi nana y yo*, obra realizada en 1937 y en la que el rostro del ama, desnuda de cintura para arriba, está sustituido por una máscara de piedra precolombina de Teotihuacán.

No disfrutó nunca del cariño ni la dedicación de su madre, motivo que explica en cierta manera las tensas relaciones que siempre mantuvo con ella. «Era una mujer bajita, de ojos muy bonitos, muy fina de boca, morena. Era como una campanita de Oaxaca, donde había nacido. Cuando iba al mercado ceñía con gracia su cinturón y cargaba coquetamente su canasta. Muy simpática, activa, inteligente. No sabía leer ni escribir; sólo sabía contar el dinero.» Pese a lo cual también la calificó de calculadora, cruel y fanáticamente religiosa.

Mi nana y yo o Yo mamando
1937, óleo sobre metal, 30,5 × 34,7 cm
Colección particular

El ama india, que recuerda aquí a una diosa precolombina de la maternidad o a un ama del arte funerario de Jalisco, se funde con el motivo colonial cristiano de la Virgen con el Niño. Sin embargo, el afecto que impregna aquellas obras aparece aquí sustituido por una relación fría, reducida al acto de la alimentación y carente de contacto y ternura visual.

En sentido contrario, su padre fue para ella una persona entrañable y cariñosa. Escribió en su diario: «Mi niñez fue maravillosa; aunque mi padre estaba enfermo (sufría vértigos cada mes y medio), para mí constituía un ejemplo inmenso de ternura, trabajo (como fotógrafo y pintor) y, sobre todo, de comprensión para todos mis problemas.» Esos sentimientos aparecen plasmados en el tardío *Retrato de mi padre*. Frida siempre recordaba que, cuando enfermó de poliomielitis a los seis años, él se ocupó de ella con gran dedicación durante los nueve meses que duró su convalecencia. A pesar de aquellos cuidados y del constante ánimo que siempre le transmitía para que hiciese sus ejercicios de gimnasia terapéutica, su pierna derecha quedó más delgada y corta que la otra, lo cual siempre la acomplejó. Los otros niños la atormentaban llamándola pata de palo, y ella intentó ocultar aquel defecto de joven bajo pantalones y más tarde bajo largas faldas mexicanas.

Su progenitor le llenó la vida llevándosela de excursión y, mientras él pintaba acuarelas, Frida recogía insectos, plantas y conchillas a la orilla de los ríos. También

Retrato de mi padre
1951, óleo sobre fibra dura,
60,5 × 46,5 cm
Ciudad de México: Museo Frida Kahlo

Representado con una gran cámara de caja,
en la banderola puede leerse la siguiente
dedicatoria: «Pinté a mi padre Wilhelm
Kahlo, de origen húngaro alemán, artista
fotógrafo de profesión, de carácter generoso,
inteligente y fino, valiente porque padeció
durante sesenta años epilepsia, pero jamás
dejó de trabajar y luchó contra Hitler. Con
adoración, su hija Frida Kahlo.»

le enseñó a utilizar la cámara y a revelar. Le hacía retocar las fotos, y esa técnica de pinceladas precisas y breves aparece en el estilo de sus cuadros. Por ello, no es de extrañar que lo admirase tanto. Ella misma reconoció la vinculación entre el arte fotográfico de su padre y su técnica pictórica, y solía decir que sus cuadros eran como las imágenes captadas por aquél para ilustrar calendarios, con la única diferencia que ella pintaba los calendarios que se encontraban dentro de su cabeza, en lugar de fotografiar la realidad exterior.

Todo esto muestra la influencia que Guillermo y la fotografía tuvieron en la educación artística de Frida, y cómo este apoyo motivó a la futura artista a evolucionar en la pintura, a pesar de que en su época no era tarea de mujeres. Estuvo muy unida a su padre, quien, tal vez, veía en ella el talento y la enfermedad que a él también lo acosaba. Ambos disfrutaban de la mutua compañía, aprovechando al máximo las oportunidades que les permitían estar juntos.

Frida Kahlo creció en un ambiente moderadamente privilegiado, protegida de los peores efectos de la Revolución, que estalló cuando tenía tres años, acabó cuando tenía trece y arrojó como balance más de un millón de muertos. Durante su infancia, alrededor de 1913, presenció desde la Casa Azul la lucha entre zapatistas y carrancistas, y vio cómo su madre abría los balcones de la casa para atender al ejército de los primeros. Guillermo se arruinó tras la caída del régimen de Díaz y las consecuencias posteriores, pero siguió luchando para sacar adelante a la familia. Además, de la misma manera que no dudó en pagar a Frida los mejores centros deportivos para su reeducación física, tampoco quiso regatear en la elección de la escuela preparatoria a la Universidad, que sucedía al colegio. La consideraba la más inteligente de sus hijas, y no escatimó esfuerzo alguno para ponerle los mejores medios a su alcance para triunfar en la vida.

Los felices años de la Preparatoria

Tras obtener su certificado escolar en el Colegio Alemán de México, Frida se matriculó en 1922 en la Escuela Nacional Preparatoria, considerada en aquel tiempo la mejor institución de enseñanza del país. No se sabe exactamente por qué sus padres tomaron aquella insólita decisión, aunque es posible que Guillermo hubiese considerado la posibilidad de alejarla de la influencia religiosa de la escuela alemana y, al mismo tiempo, darle el tipo de educación que él se vio obligado a abandonar. Pasó el duro examen de admisión y, de los 2.000 alumnos de la escuela, entró a for-

Echate l'otra
Sin fecha, acuarela, 18 × 24 cm
Tlaxcala: Instituto Tlaxcalteca de Cultura

Desde muy joven, Frida dio muestras de haber aprovechado las enseñanzas de su padre, dotado de talento para la fotografía y dueño de una gran afición por las acuarelas. La leyenda que figura en el reverso señala: «This infantil dibujo is for my buten de buen hermano Ángel Salas. Friduchka. Coyoacán julio 18 muerte of the Benemérito Benito Juárez.»

mar parte de una de las 35 muchachas del centro. Quería hacer el bachillerato, puesto que le interesaban mucho las ciencias naturales, especialmente la biología, la zoología y la anatomía, y deseaba ser médico.

Por entonces, la escuela vivía una especie de efervescencia cultural, coincidente con el momento de los primeros muralistas mexicanos: José Clemente Orozco, David Alfaro Siqueiros y Diego Rivera. Este último, casado con Lupe Marín, se hallaba ocupado por entonces en la realización del fresco titulado la *Creación* en el anfiteatro Simón Bolívar de la propia escuela. Por ironías del destino, fue allí, al parecer, donde la curiosidad de Frida la llevó a interesarse por el trabajo de aquel «gordo e inmenso» pintor, sin tener entonces ni la más remota sensación de que un día compartirían sus vidas. Según sus biografías oficiales, permaneció un día en aquel lugar durante largas horas viéndolo trabajar e incluso se permitió la osadía de gastarle ciertas bromas en diversas ocasiones. Por lo demás, la Frida que en aquel momento empezaba una nueva etapa en un prestigioso centro era ya una guapa adolescente de 15 años, esbelta y fina, que llamaba la atención.

Cuando llegó, muy pronto se apercibió de cómo se establecía la red de relaciones entre los alumnos. La escuela estaba dividida en grupos clasificados según sus intereses y actividades; ella decidió entrar en contacto con algunos de ellos, pero formó parte de los «Cachuchas», nombre correspondiente al tipo de gorra que sus miembros llevaban como elemento de identificación. Sus integrantes eran nueve: Alejandro Gómez Arias, José Gómez Robledo, Manuel González Ramírez, Carmen Jaime, Agustín Lira, Miguel N. Lira, Jesús Ríos y Valles, Alfonso Villa y la propia Frida. Con el tiempo, todos ellos destacaron en sus respectivas disciplinas profesionales. Leían mucho y se identificaron con las ideas nacionalistas del ministro de cultura José Vasconcelos, por lo que optaron por hacer reformas en la escuela. Algunos de ellos aparecen representados en el cuadro *Si Adelita...* o *Los Cachuchas*, obra compuesta de elementos unidos a modo de «collage» que, en sentido figurado, representan a personas distribuidas en torno a una mesa y caracterizadas por los atributos de sus intereses.

En el *Retrato de Miguel N. Lira* éste aparece pintado rodeado de símbolos que, entre otras cosas, aluden a su nombre. Fue realizado al mismo tiempo que algunos otros retratos de camaradas de la escuela, amigas y amigos, ejemplos de sus primeros intentos de pintora. Frida nunca fue una excelente alumna, puesto que sus ganas de aprender y leer le permitían salir adelante sin demasiado esfuerzo. Por encima de todo, incluidos los libros, se interesaba por la gente en general y por sus amigos en particular, aunque uno de ellos brilló con nombre propio: Alejandro Gómez, el más destacado de los Cachuchas. Hasta 1925, apenas se apercibió de su talento, cuya única base hasta entonces habían sido algunas clases de dibujo con el reconocido grafista publicitario Fernando Fernández, un amigo de su padre. Sabedor de las necesidades económicas de la familia, le ofreció un puesto de aprendiz remunerado y le enseñó a copiar grabados del impresionista sueco Anders Zorn. Quería que aprendiese a dibujar, y aunque Frida no se cansó de hacer bocetos, su mente estaba puesta en la medicina, si bien sabía que seguramente jamás entraría en la universidad. Mientras estudiaba, nunca pensó en dedicarse profesionalmente al mundo del arte, pero un desgraciado percance le impuso un forzoso cambio de opinión.

Un accidente y una pasión: la pintura

El 17 de septiembre de 1925, regresando de la escuela a casa en autobús (denominado «camión» en México), Frida y su novio Alejandro se vieron involucrados en un trágico accidente contra un tranvía, que a ella casi le costó la vida y le dejó decisivas secuelas que influyeron en su cuerpo y en su carácter para el resto de su días.

Retrato de Miguel N. Lira
1927, óleo sobre lienzo, 99,2 × 67,5 cm
Tlaxcala: Instituto Tlaxcalteca de Cultura

En cartas a Alejandro Gómez Arias, Frida Kahlo se refirió al cuadro: «Estoy haciendo el retrato de Lira, buten de feo. Lo quiso con un fondo estilo Gómez de la Serna. [...] Está tan mal que no sé ni cómo puede decirme que le gusta. Buten de horrible [...] tiene un fondo muy alambicado y él parece recortado en cartón. Sólo un detalle me parece bien ("one" ángel al fondo), ya lo verás.»

17 de Septiembre de 1926 = FRIDA Kahlo (Accidente)

Accidente
1926, lápiz sobre papel, 20 × 27 cm
Colección particular

Siguiendo el estilo de la pintura popular de los exvotos, y sin atenerse a regla alguna de perspectiva, Frida plasmó aquel desgraciado percance en un dibujo en el que en la mitad superior representó el momento de la colisión, mientras que en la zona inferior aparece completamente vendada sobre una camilla de la Cruz Roja y su propio retrato observa atentamente la escena.

Constituyó un manantial de horrores físicos y, en muchos momentos, origen de la tragedia reflejada en su obra artística. Se partió la columna vertebral, la clavícula, varias costillas, se dislocó el hombro izquierdo y se fracturó la pierna y el pie derecho. Una barra de acero le atravesó, además, la cadera izquierda hasta el sexo, produciéndole una triple fractura de la pelvis que, con el tiempo, le impidió tener hijos. «Los camiones de mi época eran absolutamente endebles; comenzaban a circular y tenían mucho éxito; los tranvías andaban vacíos. Subí al camión con Alejandro Gómez Arias... Momentos después el camión chocó con un tren de la línea Xochimilco... Fue un choque extraño; no fue violento, sino sordo, lento y maltrató a todos. Y a mí mucho más... Antes habíamos tomado otro camión; pero a mí se me había perdido una sombrillita; nos bajamos a buscarla, y fue así que vinimos a subir a aquel camión, que me destrozó. El accidente ocurrió en una esquina, frente al mercado de San Juan... Mentiras que uno se da cuenta del choque, mentiras que se llora. En mí no hubo lágrimas. El choque nos brincó hacia delante y a mí el pasamano me atravesó como la espada a un toro.» Fue tal la magnitud del impacto que los médicos dudaban incluso que fuera a sobrevivir.

Tras aquel gravísimo infortunio, se vio sometida durante un largo período de tiempo a un reposo absoluto en cama después de permanecer durante un mes en el hospital de la Cruz Roja. Finalizada aquella etapa, parecía recuperada, pero los frecuentes dolores en la columna y en el pie derecho, aparte de la constante sensación de cansancio, aconsejaron al año del percance una nueva visita al centro hospitalario. Al contrario que en su primer ingreso, fue mirada, en aquella ocasión, por rayos X, descubriéndose una rotura en la vértebra lumbar cuya curación exigió el uso de diversos corsés de escayola durante nueve meses. Al igual que su padre, tuvo que abandonar los estudios y las esperanzas de llegar a ser médico. En frecuentes cartas escritas a Alejandro le hizo partícipe de su estado durante aquel tiempo, sin olvidar nunca de manifestarle un amor que desde entonces ya no sería correspondido. El contenido de aquellas misivas habla de una joven intrépida y temeraria, pero que buscaba al mismo tiempo alguien en quien apoyarse y admirar. Bajo aquel carácter independiente, latía una marcada tendencia a la dependencia emocional.

Así, confinada a un aparato ortopédico, comenzó durante esos meses a pintar por aburrimiento. Existe un dibujo realizado por Frida en 1926 en el que aparece una camilla, su cuerpo inerte vendado y a un lado la Casa Azul. Se trata del único testimonio gráfico del accidente, puesto que jamás volvió a representarlo, con la excepción de un *Retablo* que encontró a principios de los años cuarenta y que muestra una situación muy parecida. Frida manipuló levemente el cuadro para convertirlo en representación de su propio accidente. Este pasatiempo momentáneo terminaría por ser la pasión de su vida.

A instancias de su madre, la cama fue cubierta con un baldaquino en cuyo lado inferior había un espejo todo a lo largo, de manera que Frida podía verse a sí misma y servirse de modelo. Fue el comienzo de los numerosos autorretratos que constituyen la mayoría de su obra y de los que existen ejemplos en todas las fases de su trayectoria artística, exponentes, por lo demás, de su estado anímico o de un momento determinado. La larga etapa de convalecencia le brindó la oportunidad de estudiar con gran atención su imagen a modo de autoanálisis. «Me han preguntado mucho sobre esa persistencia en el autorretrato. En primer lugar, no tuve elección, y creo que es la razón esencial de esa permanencia del yo-tema de mi obra. Que alguien se ponga cinco minutos en mi lugar. Encima de la cabeza, tu imagen, y más precisamente tu

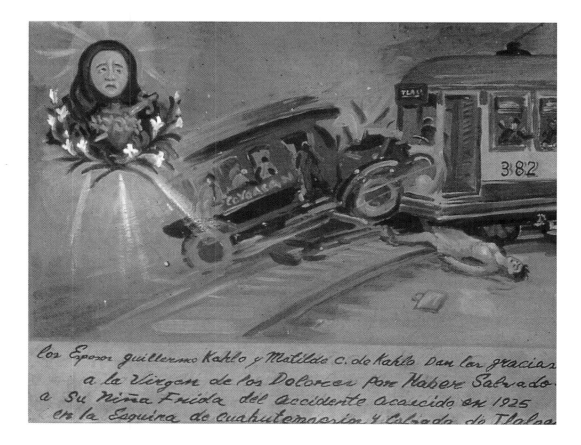

Retablo
h. 1943, óleo sobre metal,
19,1 × 24,1 cm
Colección particular

A fin de identificar la escena representada con aquel momento de su vida, la artista añadió los rótulos del tranvía y del autobús, dotó a la víctima de sus típicas cejas y agregó el epígrafe: «los Esposos Guillermo Kahlo y Matilde C. de Kahlo Dan las gracias a la Virgen de los Dolores por Haber Salvado a Su Niña Frida del accidente acaecido en 1925 en la Esquina de Cuahutemozin y Calzada de Tlalpan.»

La Adelita, Pancho Villa y Frida
Sin fecha, óleo sobre lienzo, 43 × 62 cm
Tlaxcala: Instituto Tlaxcalteca de Cultura

Siguiendo un estilo similar a cuadros como
Retrato de Miguel N. Lira *y el de* Si
Adelita... *o* Los Cachuchas, *en los que
aparecen distribuidos con un cierto sentido
caótico diversos elementos, Frida domina
con su presencia el centro de la
composición. Detrás de ella, la escena del
tren parece hacer referencia al texto de la
famosa canción popular «La Adelita».*

Dos mujeres
1926, linograbado, 10 × 7,5 cm

Ilustración para el libro Caracol de
Distancias, *de Ernesto Hernández Bordes,
publicado en 1933 por Miguel N. Lira en
una edición de 250 ejemplares. Miembro
de los «Cachuchas», Lira nació y murió en
Tlaxcala (1905-1961). Este escritor
adquirió con el tiempo una pequeña
prensa y publicó las obras de poetas jóvenes,
para lo cual fundó y dirigió la Editorial
Fábula (1933).*

rostro, ya que el cuerpo generalmente está bajo las sábanas. Tu rostro, pues. Obsesivo,
casi agobiante. O la obsesión te devora, o la coges de cara. Hay que ser más fuerte
que ella, no dejarse tragar. Tener fuerza, habilidad.

»Aunque de la manera más académica del mundo, hice de mí mi propio modelo, mi tema de estudio. Me concentré en él... Nunca hasta ese momento recuerdo
haber pensado en pintar. Quería ser médico. Me interesaba por la pintura como
todos los Cachuchas: formaba parte de un universo cultural que teníamos el deseo
de asimilar. Es cierto que sentí un auténtico placer al mirar a Diego, por ejemplo,
cuando pintaba el mural de la Escuela Nacional Preparatoria. Era fascinante, grandioso. Pero de ahí a pintar yo misma...»

No tardó en comprender que la pintura le había insuflado una nueva vida, en la que su amor por la naturaleza, los animales, los colores y las frutas se renovó con gran intensidad. Aquella nueva emoción le ayudó a controlar su carácter, rebelde por naturaleza y ávido de sorprender, cuyo ejemplo más notorio son algunas fotografías de la época en las que puede verse a Frida vestida con ropas de hombre en poses de gran naturalidad.

Los comienzos de un largo camino

«Mi padre tenía desde hacía muchos años una caja de colores al óleo, unos pinceles dentro de una copa vieja y una paleta en un rincón de su tallercito de fotografía. Le gustaba pintar y dibujar paisajes cerca del río en Coyoacán, y a veces copiaba cromos. Desde niña, como se dice comúnmente, yo le tenía echado el ojo a la caja de colores. No sabría explicar por qué. Al estar tanto tiempo en cama, enferma, aproveché la ocasión y se la pedí a mi padre. Como un niño, a quien se quita su juguete para dárselo a un hermano enfermo, me la "prestó". Mi mamá mandó hacer con un carpintero un caballete... si así se le puede llamar a un aparato especial que podía acoplarse a la cama donde yo estaba, porque el corsé de yeso no me

dejaba sentar. Así comencé a pintar mi primer cuadro, el retrato de una amiga mía.» Aludía con toda probabilidad al *Retrato de Alicia Galant.*

Siempre que su salud le acompañaba, Frida trabajaba en sus cuadros. Pero el camino era duro, y más de una vez estuvo tentada de romper o quemar varias de sus obras, profundamente descontenta. El progreso era lento, pintaba de manera pausada y utilizaba pequeños formatos. Paralelamente, además de sus propios recursos, se documentaba todo lo que podía sobre la pintura, leía, seguía cultivándose y sentía curiosidad por todo. Sin embargo, fue también una época de grandes penurias económicas para la familia Kahlo. Cada vez que Frida acudía a una visita médica al hospital, tenía que pagarse, y la situación llegó a ser tan límite que la Casa Azul tuvo que ser hipotecada y los muebles franceses del salón e incluso las porcelanas y los cristales colocados en las cómodas y aparadores fueron vendidos a un anticuario.

El primer estudio de Frida es *Autorretrato con traje de terciopelo*, obra que, al igual que los retratos de amistades y familiares realizados por aquella época, aparece aún orientada en la pintura mexicana del siglo XIX, de influencia europea (*Retrato de Cristina, mi hermana*). Esos retratos se diferencian notablemente de los ejecutados con posterioridad por la artista, en los que ya se aprecia una clara tendencia hacia la afirmación nacional mexicana. En ello tuvo mucho que ver la situación del país. Con la llegada de Álvaro Obregón a la presidencia en 1920 y la creación de un Ministerio de Cultura bajo la dirección de José Vasconcelos, México vivió un período de renovación cultural. Los objetivos del nuevo gobierno se centraron básicamente en la igualdad social y la integración de la población india, así como la recuperación de una identidad autóctona. Muchos artistas comenzaron a encontrar incluso humillante la hasta entonces corriente imitación de modelos foráneos, promoviendo desde aquel mismo momento un arte mexicano independiente y sin lastre alguno de academicismo. A pesar de la oposición orquestada por los estudiantes de la Escuela Nacional Preparatoria hacia ciertos aspectos de aquel proyecto, lo cierto es que la pintura mural como forma de culturización empezó a recorrer su camino.

Autorretrato con traje de terciopelo
*1926, óleo sobre lienzo, 79,7 × 60 cm
Ciudad de México: Legado de Alejandro Gómez Arias*

Este autorretrato constituye el primer cuadro profesional de la artista. Lo pintó para su novio, Alejandro Gómez, que la había abandonado y a quien pretendía recuperar de esta forma. Influido por la pintura del Parmigianino o de Modigliani, le explicó que el mar de fondo es «un símbolo de la vida» y le pidió que lo colocase bajo a fin de poder contemplarla a los ojos.

Amistad, amor y política

En 1928, Frida Kahlo se unió al grupo progresista. Hacia finales del año anterior, no sin antes pasar grandes sufrimientos cada vez que se imponía un nuevo cambio de corsé, se había restablecido hasta tal punto que podía llevar una vida prácticamente normal. Ello le permitió lanzarse a la búsqueda de trabajo y reencontrarse con antiguas amistades de la Escuela Nacional Preparatoria, aunque muchos de ellos estaban ya en la Universidad y formaban parte de asociaciones políticamente activas. Germán de Campo, una importante figura del movimiento estudiantil al que Frida apreciaba mucho, la introdujo a principios de aquel año en un círculo de gente joven en torno al comunista cubano Julio Antonio Mella. Este último, que estaba exilado en México, vivía por entonces con una estadounidense de origen italiano, Tina Modotti, quien había llegado al país unos años antes con el que en aquel momento era su compañero, el fotógrafo estadounidense Edward Weston. Encauzada por éste en la misma profesión, Tina se movía en un ambiente en contacto con artistas de talante progresista, militante, escandaloso por sus costumbres de vida bohemia, por sus ideas liberales acerca de todo y por las intrigas que se gestaban en torno a ciertos encuentros.

Ambas mujeres simpatizaron enseguida, y Tina no tardó en llevar a su nueva aliada a las reuniones políticas y a las fiestas que se celebraban por toda la ciudad. Debilitado el sometimiento emotivo hacia Alejandro, Frida se afilió entonces al Partido Comunista Mexicano (PCM), en el que militaban muchos de sus amigos. En el transcurso de una de aquellas veladas llenas de gente, ruido, música y humo, conoció formalmente al que se convertiría en el principal hombre de su vida: Diego Rivera, que por entonces tenía 42 años. El artista se encontraba inmerso en la finalización de un ciclo de murales para el edificio de la Secretaría de Educación Pública (SEP), trabajo que había interrumpido para trasladarse a la Unión Soviética a fin de responder a la invitación de participar en las celebraciones del décimo aniversario de la Revolución de Octubre. Por entonces era ya una figura notoria, que despertaba igual número de odios que de pasiones, y su obra muralista era tan alabada como denigrada. La burguesía no soportaba que defendiera al pueblo y sus raíces mexicanas, y mucho menos que pintase con voluptuosidad a las mujeres indias y que criticase de forma incisiva a la clase dominante. Frida Kahlo no tardó en hacerse notar.

«En fin, estaba en un andamio, en el último piso del Ministerio de Educación, cuando yo me presenté con algunos de mis trabajos bajo el brazo. Me lo había encontrado aquí y allá en las veladas, pero no había entrado en contacto directo con él. Me dio un arrebato, me acerqué a él sin más preámbulos.

»Estaba pintando con una colilla en la boca. "Vamos, Diego, baje un momento", le solté. Me miró y sonrió, pero no hizo nada más. Tuve que insistir: "¡Vamos, baje usted!". Esta vez se detuvo y bajó. "Mire –le dije–, no vine a buscar cumplidos, sino una opinión sincera y seria sobre mis pinturas."

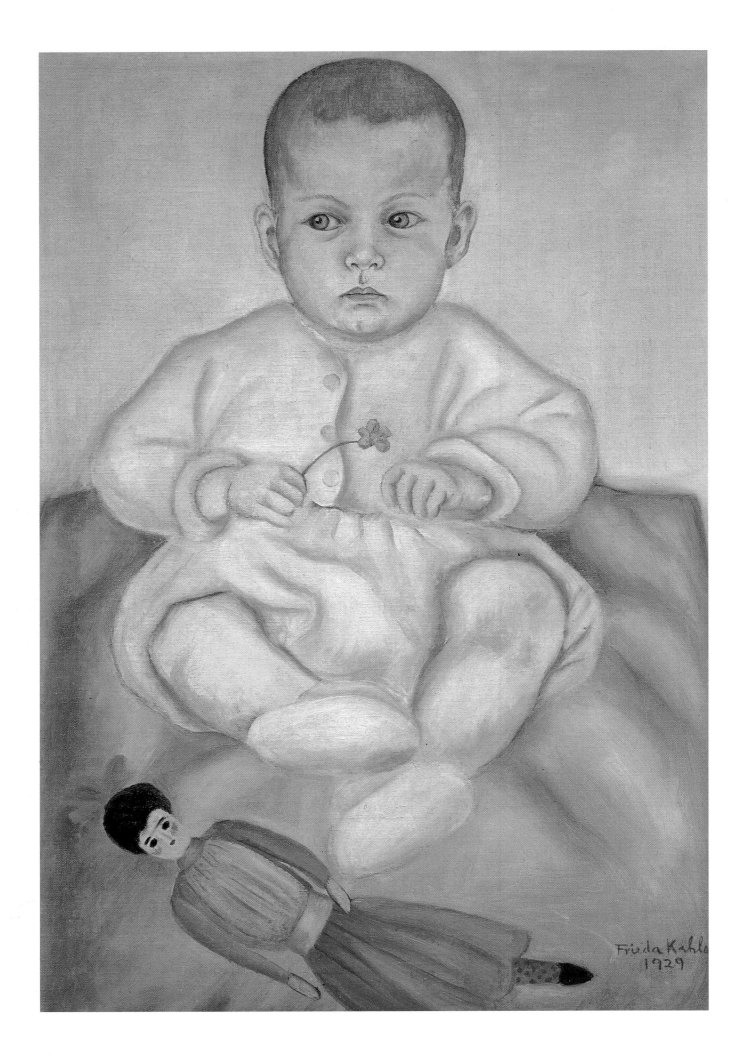

Retrato de Isolda Pinedo Kahlo o Niña Isolda en pañales
1929, óleo sobre lienzo, 75 × 55 cm
Colección particular

Pese a que el tema de los niños no es uno de los más fecundos en la obra de la artista, Frida siempre se sintió cómoda entre éstos y los adolescentes. Las trabas que el destino le fue poniendo ante su realización como madre la llevó a estrechar lazos en torno a los suyos y muy especialmente con sus sobrinos Isolda y Antonio, hijos de su hermana Cristina.

»Miró con atención mis trabajos y, al fin, dijo: "Continúe. Su voluntad la llevará a su propia expresión." Me miró de arriba abajo y añadió: "¿Tiene más?" Yo le contesté: "Sí, señor, pero me resulta demasiado complicado transportarlos. Vivo en Coyoacán, en el 127 de la calle de Londres. ¿Podría venir el próximo domingo?" Me contestó que no faltaría.

»Y el domingo siguiente se presentó en casa.»

Son diversas las versiones que explican cómo transcurrió aquella visita en Coyoacán. Según unas fuentes, los padres de Frida se dejaron seducir por la jovialidad de Rivera y su siempre interesante conversación, y no parecieron sorprendidos por sus extravagancias ni por su famosa reputación. Pero, según otras, lejos de

Frida Kahlo y Diego Rivera
Fotografía

Vestida a modo de tehuana, su traje preferido desde su matrimonio con Rivera, Frida Kahlo ensalzó una región del suroeste de México cuyas tradiciones y estructura económica delatan el dominio de la mujer. Posiblemente fue esta circunstancia el incentivo adicional que hizo que intelectuales mexicanas de la ciudad lo eligieran en los años veinte y treinta.

sentirse orgullosos de que semejante celebridad se interesase por su hija, a la señora Kahlo no le hizo ninguna gracia su presencia en casa, puesto que lo consideraba «un ateo descomunal». Pero la admiración que Frida sentía por Diego fue recíproca, ya que también ella consiguió impresionar al muralista: «Los lienzos revelaban una desacostumbrada fuerza expresiva, una exposición precisa de los caracteres y auténtica seriedad... Poseían una franqueza fundamental y una personalidad artística propia. Transmitían una sensualidad vital enriquecida mediante una cruel, si bien sensible, capacidad de observación. Para mí era evidente que tenía ante mí a una verdadera artista.»

El tiempo vuela
1929, óleo sobre fibra dura, 86 × 68 cm
Colección particular

A diferencia del autorretrato anterior, resulta aquí evidente su progreso estilístico. El elegante vestido ha sido sustituido por una sencilla blusa de algodón, mientras que el distinguido fondo del Retrato de Alicia Galant *ha desaparecido en favor de una cortina abierta. Con la representación del avión y el reloj da imagen al dicho popular «el tiempo pasa volando».*

Forjando una personalidad

A partir de aquel momento, las visitas de Rivera a la vivienda de la familia Kahlo se sucedieron y nació una gran complicidad entre ambos. El pintor aprovechó aquella circunstancia para convertir a Frida en protagonista del mural *Arsenal de armas*, integrado en el ciclo de la *Revolución proletaria* del segundo piso de la Secretaría de Educación Pública, en el que se la puede ver repartiendo armas para la lucha revolucionaria. Diego formaba parte del Partido Comunista desde 1922, y acababa de separarse de Lupe Marín, con quien tenía dos hijas en común, al margen de Marika, fruto de una relación anterior en París con una pintora rusa llamada Marevna. Un año más tarde, concretamente el 21 de agosto de 1929, Diego y Frida se unían en matrimonio, entre el aplauso de muchos y el desagrado de otros, en el Ayuntamiento de Coyoacán. La ceremonia fue seguida de una larga y bulliciosa fiesta que finalizó en el apartamento de Tina Modotti con un gran escándalo. Poco después, él era expulsado del partido y Frida decidió abandonar también aquella militancia.

Antes del enlace, el padre de Frida advirtió a Rivera que su hija estaba enferma y siempre sería una inválida, añadiendo que tenía «un demonio oculto». Para su madre, una católica convencida a quien no le importaba el arte, «Diego era demasiado gordo, demasiado comunista y, sobre todo, demasiado viejo... Además, era un dejado y un playboy». Pero a Guillermo no le alarmaba tanto el destino de su favorita. Tenía fama de rico y sabía que Frida siempre iba a necesitar costosos tratamientos médicos. Poco después de la boda, el artista pagó la hipoteca de la Casa Azul, donde había cortejado a Frida, y la organizó para que sus padres pudieran seguir viviendo en ella. Mientras, el novel matrimonio se instaló en un piso del centro de Ciudad de México. Lupe la acompañó a comprar enseres para la cocina y le enseñó a guisar los platos preferidos de Diego, por lo que éste le dio el apodo de «la reina de los frijoles», que Frida recibió orgullosa. Lupe permaneció cerca de su antigua pareja toda la vida, en parte por el intenso cariño y afecto que él sentía hacia sus dos hijas; visitaba la casa de ambos y la ayudó en varias ocasiones. Frida Kahlo llegó a declarar: «Guadalupe lloró el día en que estaba yo muy enferma aquí. Me había envenenado y me había ardido la ropa y todas las puertas estaban cerradas... Lloraba ella, que no llora ni por su madre y, en cambio, por mí lloró con lágrimas tendidas.»

El atractivo principal que Frida encontró en Diego quizá fue el mismo que sintieron sus anteriores compañeras y mujeres, descrito por todas con diferentes palabras, pero siempre como si él fuese para ellas el centro de la vida, una contagiosa fuerza de la naturaleza que todo lo vitalizaba con sólo aproximarse. Pese a su fuerte carácter, cuando quería también era dueño de una gran simpatía y capaz de manifestaciones de ternura.

Desde que conoció a Rivera, Frida fue cambiando paulatinamente su vestimenta masculina por la imagen de una mujer mexicana con enaguas, bordados y largas faldas y vestidos de colores, peinados con cintas y engalanada con joyas pesadas. El

traje ricamente adornado de las mujeres tehuanas fue, desde su matrimonio, su atuendo preferido. Tenía la ventaja, además, de que la falda larga hasta el suelo ocultaba de sobras el defecto de su pierna derecha. La vestimenta concordaba perfectamente con el naciente espíritu nacionalista y la vuelta a la cultura india. Arriesgándose a ser señalada con el dedo, cayó en un mexicanismo a ultranza. Él le compraba la ropa y ornamentos nativos, y ella se los ponía para complacerle. Con el paso del tiempo, hizo de aquella vestimenta una parte integrante de una personalidad en la que sus características cejas y su línea de vello por encima del labio superior contribuyeron a marcar su aspecto.

Otra de las influencias experimentadas a través de su marido fue su adhesión al grupo de artistas e intelectuales que abogaban por un arte autóctono mexicano. Su intención era expresar un matiz educativo en la representación de la historia nacional que querían hacer llegar a un gran número de analfabetos, no sólo a través de la pintura mural, sino también en pequeños paneles de carácter más privado. Había que revalorizar los elementos del arte popular mexicano, y ella aportó su grano de arena en sus autorretratos, especialmente en el subtitulado *El tiempo vuela*, donde se pintó con un sencillo ropaje, pendientes coloniales y un collar de jade con la intención de rememorar las influencias culturales precolombinas y coloniales. En otros autorretratos escogió cuidadosamente los atributos que acompañaban su imagen, llevando la flora y la fauna mexicanas a sus exposiciones. Por otra parte, en obras como *El camión* expuso, al igual que Rivera, una temática de carácter social con la representación de arquetipos de la sociedad mexicana. Tuvo la ventaja, además, de que siempre contó con el apoyo de su marido, quien la animaba constantemente a pintar.

Poco después de su matrimonio, quedó embarazada, haciendo partícipe de la buena nueva a su esposo en la ciudad de Cuernavaca, lugar en el que él estaba pintando un mural en el Palacio de Cortés. Sin embargo, tres meses más tarde se le tuvo que practicar un aborto debido a que la malformación de la pelvis le impedía llevar a buen término la gestación. Pero en Cuernavaca, Rivera encontró tiempo para pintar el único desnudo que hizo de su esposa: un dibujo a lápiz de la joven desnudándose, sentada al borde de una cama.

El camión
1929, óleo sobre metal, 25,8 × 55,5 cm
Colección particular

Imbuida del espíritu ideológico de su marido, Frida también sintió como suyo el deber de ensalzar y dar a conocer temas sociales de su país. Así, un ama de casa, un obrero, una mujer india dando el pecho a su bebé, un niño pequeño, un burgués y una joven muy parecida a la propia artista representan seis modelos distintos en una situación sumamente cotidiana.

El camión
Detalle

Sentados en el banco de un autobús, el escenario teatral resalta la pose deliberada de los personajes. El «gringo» que lleva en una mano una talega repleta de dinero y la muchacha que posa delicadamente las manos sobre su regazo forman parte de ese grupo de comparsas del espectáculo de la vida que se desenvuelve en el grandioso ámbito de la ciudad y el campo.

Un período de reflexión

Retrato de una dama en blanco
(Incatcluso)
h. 1929, óleo sobre lienzo, 119 × 81 cm

Desde sus primeros retratos, Frida dio ya muestras de su buen hacer en la pintura. Aquí representó la ternura de la expresión, en los ojos; la finura de ejecución, en el pelo; la pasión por las texturas, en los pormenores del vestido; el entusiasmo por los detalles, en el fondo que enmarca la figura, y la maestría cromática, en las suaves tonalidades del cuadro.

Entre 1930 y 1933, los compromisos profesionales de Diego llevaron al matrimonio a residir en Estados Unidos, país en el que el artista pintó murales en San Francisco, Detroit y Nueva York.

Por entonces, el progreso cultural mexicano despertaba en Estados Unidos un sincero interés que, desde un ángulo inverso, fue celebrado por los pintores mexicanos, atraídos por la oportunidad que les podía brindar el desarrollado mercado artístico del territorio vecino.

A su llegada a San Francisco, Diego no inició de modo inmediato las obras encargadas para el San Francisco Pacific Stock Exchange y la California School of Fine Arts (actual San Francisco Art Institute), de manera que aprovecharon aquella libertad para visitar la ciudad y sus alrededores. Cuando, por fin, se centró en su trabajo, Frida continuó sola aquel vagabundear sin rumbo fijo. Al principio estaba encantada, y en las cenas en las que eran invitados solía llamar la atención tanto por su vestimenta como por su alegría y conversación. Cuando Edward Weston la vio por vez primera, escribió en su diario: «Qué contraste con Lupe, es tan delgada, parece una muñequita al lado de Diego, pero sólo en apariencia, porque es fuerte y encantadora. No exhibe rastro de la sangre alemana de su padre. Vestida con un traje indio, incluidas las sandalias, causa sensación por las calles de San Francisco.»

Pese al éxito social de su consorte, su marido no perdió la costumbre de aumentar su lista de amantes. Durante aquel período, la pierna derecha de Frida volvió a dolerle. Su dificultad para andar la llevó hasta el cirujano Leo Eloesser, jefe médico del San Francisco General Hospital y amigo de su marido desde 1926, con quien Frida inició una buena amistad y del que siguió desde entonces su dictamen y consejos. En señal de agradecimiento, la artista realizó el *Retrato del Dr. Leo Eloesser.*

Debido a su inmovilidad, volvió a pintar con regularidad y, al margen del retrato del galeno, hizo el de varias otras personas (*Retrato de Luther Burbank, Retrato de Eva Frederick*). Uno de ellos fue el primero de una serie de retratos dobles de sí misma y su marido: el titulado *Frieda Kahlo y Diego Rivera*, realizado con toda probabilidad tomando como modelo la única foto de bodas de ambos. Su destinatario fue Albert Bender, un agente de seguros y coleccionista de arte que había adquirido en anteriores estancias en México algunas obras de Rivera y cuyas ayuda e influencias resultaron inestimables para obtener el visado de entrada a los Estados Unidos, inicialmente vetado al pintor por su ideología comunista.

En junio de 1931, una vez concluido el trabajo en San Francisco, Diego fue reclamado por el gobierno mexicano para continuar los murales del Palacio Nacional. La pareja regresó entonces a México, se instaló en la Casa Azul y acogió allí durante un tiempo al director de cine ruso Sergei Eisenstein, quien se encontraba en el país rodando *¡Qué viva México!*, un proyecto ambicioso de referir en

Retrato del Dr. Leo Eloesser
1931, óleo sobre fibra dura,
85,1 × 59,7 cm
San Francisco: University of California
School of Medicine

El doctor Eloesser atendió a Frida por vez
primera en San Francisco a finales de
1930 y le diagnosticó escoliosis y
aplastamiento de un disco intervertebral.
Aficionado al arte y a los veleros, era
entonces un hombre bajito de 49 años, con
un cargo importante en el Hospital
General de la ciudad y profesor de cirugía
en la universidad. Murió a los 95 años.

imágenes la historia de México. El fracaso financiero de la producción dio al traste con la idea, a pesar de que ya habían sido filmados más de 50.000 m de película. Durante aquel período, mientras daba inicio la construcción de su nueva vivienda en el barrio de San Ángel, Diego fue requerido por el Museo de Arte Moderno de Nueva York a través de Frances Flynn Payne, consejera artística de los Rockefeller, quien le propuso la organización de una retrospectiva sobre su obra. La noticia no pudo llegar en mejor momento, puesto que Rivera empezaba a añorar seriamente la vida del país vecino. Y hacia allí se embarcaron en el mes de noviembre, siendo recibidos en la bahía de Manhattan en medio de un pequeño tumulto. Los preparativos de la muestra absorbieron por completo a Diego, pero no estimularon a Frida, quien sentía nostalgia de México y pintó por entonces muy poco.

Retrato de Eva Frederick
1931, óleo sobre lienzo, 63 × 46 cm
Colección particular

En los años treinta, los cuadros de Frida
Kahlo evolucionaron hacia un minucioso
academicismo, fruto de la búsqueda del
verismo fotográfico aprendido junto a su
padre. Con el tiempo, puso los elementos
seudoprimitivos de su arte al servicio de
una pintura en extremo culta, que le
permitió situar conscientemente su obra en
una estética mexicanista.

Luther Burbank

Retrato de Luther Burbank
1931, óleo sobre fibra dura,
86,5 × 61,7 cm
Colección particular

Luther Burbank, botánico estadounidense
creador de injertos de diversas variedades
de frutos, flores y vegetales, recibió el
apelativo de «Mago de California».
En homenaje a su labor, Frida lo hibridó
con un árbol y utilizó las raíces para tocar
uno de sus temas favoritos: el esqueleto
simbolizante del nacimiento de una vida
nueva a través de la muerte.

Frieda Kahlo y Diego Rivera
o Frieda y Diego Rivera
1931, óleo sobre lienzo, 100 × 79 cm
San Francisco: Museum of Modern Art

Paleta y pincel en ristre, Diego observa de
frente al espectador con una mirada que
desprende seguridad en sí mismo, mientras
ella, con cierto aire tímido y dándole la
mano, se presenta como la mujer del
muralista. A pesar de la gran diferencia
existente entre ambos, la representación es
de estilo tradicional y está basada en los
retratos mexicanos de los siglos XVIII y XIX.

Sinsabores en torno a la maternidad

Tras la inauguración de la exposición a finales de aquel año, en 1932 Diego y Frida llegaban a Detroit, ciudad en la que él había sido invitado a realizar un mural para el Detroit Institute of Arts. Por segunda vez, quedó embarazada, y alentada por el Dr. Leo Eloesser, quien sabía de su fractura de pelvis, se puso desde el principio en manos de un médico del Henry Ford Hospital. En aquella ocasión no se consideró arriesgado conservar a su hijo, siempre y cuando descansase durante aquel tiempo y tuviera al niño por cesárea. A medida que avanzaba la gestación empezó a tener hemorragias y mareos, por lo cual se le aconsejó más reposo. Frida obedeció, pero sabía que sólo pintando lograría canalizar todas las ideas y sensaciones que hervían en su cabeza. Así surgió *Autorretrato en la frontera entre México y los Estados Unidos*, obra en la que, ataviada con un elegante vestido rosa y sosteniendo una banderita mexicana en su mano izquierda y un cigarrillo en la derecha, se yergue como una estatua sobre un pedestal ante un mundo dividido en dos: el mundo mexicano, lleno de historia y de vitalidad, y el mundo estadounidense, muerto y dominado por la técnica.

Autorretrato en la frontera entre México y los Estados Unidos
1932, óleo sobre metal, 31 × 35 cm
Colección particular

A volandas entre el mundo artificial y el natural, el generador de corriente que en suelo estadounidense obtiene energía de las raíces de una planta mexicana y alimenta el zócalo sobre el que se halla la artista indica, no sólo su estado de ánimo, sino una difícil postura a caballo entre su pasado y la realidad presente. Así, belleza y vida se contraponen a industria y progreso.

Henry Ford Hospital
o La cama volando
1932, óleo sobre metal, 30,5 × 38 cm
Colección particular

*Postrada desnuda sobre una cama de
hospital demasiado grande en relación a su
cuerpo, la sábana blanca empapada de
sangre denuncia el fin de una nueva vida.
Sobre el vientre, aún ligeramente
hinchado, sostiene en su mano izquierda
tres cuerdas rojas que parecen venas y con
las que se enlazan seis objetos alusivos a la
sexualidad y la frustración del embarazo.*

A pesar de su admiración por el progreso industrial de Estados Unidos, desde
su estancia en San Francisco había confesado por carta a una amiga de México:
«No me gusta nada el "gringuerío", son gente muy aburrida y todos tienen caras
que parecen pasteles mal cocidos (sobre todo las viejas)... No me atrevo a hablarte
siquiera de mi inglés, parezco una atrasada.» Y así renegaba en una carta a su amigo
el Dr. Eloesser: «La High-Society de aquí me saca de quicio y me sublevan todos
estos tipos ricos, pues he visto a miles de personas en la peor de las miserias, sin lo
mínimo para comer y sin un lugar donde dormir; eso es lo que más me ha impresionado; es espantoso ver a estos ricos que celebran fiestas de día y de noche, mientras miles y más miles de personas mueren de hambre... Aunque me interesa
mucho todo este progreso industrial y mecánico de USA, encuentro que los ame-
ricanos carecen de toda sensibilidad y sentido del decoro. Viven como en un enor-
me gallinero sucio e incómodo. Las casas parecen hornos de pan y el tan traído y
llevado confort no es más que un mito.» Tuvo que enfrentarse, además, a la dis-
yuntiva psicológica que suponía la actitud negativa de Diego ante su embarazo,
con todo lo que aquello implicaría en el futuro para su relación.

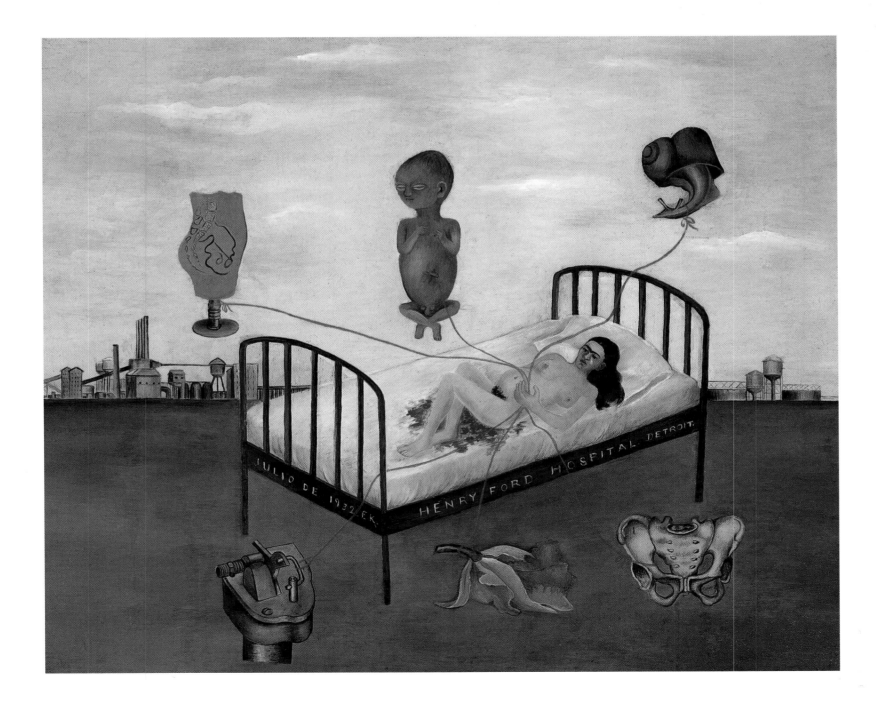

Pero la naturaleza siguió su curso y, a principios de julio, un aborto natural acabó con sus ilusiones. Durante su convalecencia en el hospital, la artista comenzó a expresar aquella traumática experiencia en una serie de esbozos que, posteriormente, le servirían como modelo para el óleo *Henry Ford Hospital* o *La cama volando*, cuadro en el que plasmó metafóricamente toda la soledad y el desamparo que le embargaban con un inhóspito paisaje industrial como fondo ante el que la cama de la enferma parece levitar. A la derecha de la obra flota un caracol que, según declaraciones de la propia Kahlo, alude a la lentitud del aborto. También lo representó en lienzos posteriores como emblema de la vida y el sexo. Las culturas indias lo consideran, debido a su caparazón protector, símbolo de concepción, embarazo y parto; en otras palabras, el embrión de una nueva vida que viene al mundo. En su conjunto, Frida extrajo elementos con fuerte carga expresiva de su contexto y los compuso según nuevas reglas inventadas por ella, estableciendo un paralelismo con los exvotos mexicanos, de los que poseía una gran colección, tanto a nivel temático como estilo pictórico, dimensiones y material. Ello resulta evidente, como en muchos otros de sus cuadros, en la combinación de hechos bio-

Mi nacimiento o Nacimiento
1932, óleo sobre metal, 30,5 × 35 cm
Colección particular

Motivada por su marido, la artista quiso representar cada una de las estaciones de su vida. Así, el propio Rivera llegó a decir: «Frida Kahlo es la única mujer que ha expresado por medio de la plástica no sólo los sentimientos, sino la vida biológica de la mujer; su cuadro Mi nacimiento *es la única pintura conocida que manifiesta el acto a que se refiere el título con una realidad completa.»*

gráficos y elementos fantásticos. Al igual que los pintores profanos de los exvotos, la artista no pintó su realidad tal como era, sino como la sentía.

Al margen de aquella decepción, Frida tuvo que soportar el dolor que le causó la pérdida de su madre. Un telegrama recibido desde México a principios de septiembre la alertó de la inminente cuestión. Acompañada de su amiga Lucienne Bloch, quien trabajaba de asistente de Diego Rivera, decidió trasladarse a su país, para lo cual empleó cuatro días de viaje entre tren y autobús, ante la imposibilidad de cubrir el recorrido en avión. Poco después de su llegada, su madre moría, y ella decidió quedarse más de un mes en México para reconfortar a su padre y recibir a su vez el cariño de sus hermanas. Pero Diego estaba al otro lado de la frontera, y el 21 de octubre ella se hallaba de nuevo en Detroit, después de un viaje tan largo y agotador como el de ida. A su regreso, decidió que lo mejor que podía hacer era ponerse enseguida a trabajar y, como para desafiar la tristeza causada por su aborto, pintó *Mi nacimiento*, obra en la que una mujer acostada, con la parte superior de tronco cubierta por una sábana (como los muertos, en alusión a su propia madre) y las piernas abiertas, da luz a un niño cuya cabeza de ojos cerrados (igual asimismo que un muerto) sale de su cuerpo sobre una cama manchada de sangre. Se trata de un cuadro sorprendente en el que se percibe incluso una cierta violencia en la maternidad.

El peso de la nostalgia y del desengaño

En marzo de 1933, una vez finalizado el trabajo, la pareja Rivera-Kahlo abandonó Detroit y se instaló de nuevo en Nueva York, ciudad en la que el artista fue solicitado para realizar un mural en el prestigioso Rockefeller Center de Manhattan. La vida neoyorquina no beneficiaba el trabajo de Frida. Tenía ganas de divertirse tras los duros meses transcurridos entre Detroit y México y la muerte de su madre. Visitaba a amigos, frecuentaba a pintores, se paseaba por Greenwich Village o se quedaba simplemente en casa leyendo. No obstante, después de casi tres años de ausencia, empezaba a sentir una acusada nostalgia de su país. Esa desazón comportó algunas discusiones con su marido, quien seguía fascinado por los Estados Unidos y no deseaba marcharse. Como reacción ante aquella diatriba, Frida dio rienda suelta a sus sentimientos en el cuadro *Allá cuelga mi vestido* o *Nueva York*, un irónico retrato del capitalismo estadounidense, en el que expresó a través de los símbolos de la moderna sociedad industrial su decadencia y la destrucción de los valores humanos. No obstante, su anhelo por regresar se vio satisfecho antes de lo que ella esperaba, pues Rivera tuvo serios problemas con sus mecenas por su obstinación en representar el retrato de Lenin en su obra y fue exonerado del encargo. La polémica alcanzó unas dimensiones tales que un contrato que tenía apalabrado con Chicago fue directamente anulado.

Una vez en México (1934), tras una escala en La Habana, el matrimonio pudo ya instalarse en su nueva vivienda de San Ángel, obra de Juan O'Gorman, arquitecto y pintor amigo de Diego. La casa estaba formada por dos compartimientos, uno pequeño, de color azul, donde habitaba Frida, y otro más grande, de color rosa, donde Diego instaló un amplio estudio. Se podía acceder de uno al otro a través de un pequeño puente. Era de esperar que, de nuevo en su tierra y con una residencia por estrenar, Frida recuperase el tiempo en que no se dedicó a su pintura, pero duros contratiempos en su estado de salud, además de un nuevo aborto en el que se le diagnosticó infantilismo de los ovarios, la obligaron a ser internada otra vez en el hospital. Fue operada primero de apendicitis y, después, del pie derecho. Por entonces, el proceso de desfiguración de su cuerpo era ya constante, y ello habría de influir en su pintura.

Al dolor físico se le sumó, además, el moral, puesto que por esa época supo de la nueva relación que Diego había iniciado con su hermana Cristina. Profundamente herida por aquella situación, a principios de 1935 abandonó la casa común y se instaló en un apartamento en el centro de Ciudad de México. Incluso visitó al ya abo-

gado Manuel González Ramírez, uno de los antiguos camaradas «Cachuchas», al objeto de solicitar el divorcio. Ante este mar de fondo, no resulta extraño que la artista exteriorizase sus sentimientos en cuadros como *Unos cuantos piquetitos*, conmovedora plasmación pictórica de un reportaje periodístico sobre el asesinato por celos de una mujer en manos de su amante. En dicha obra, las heridas causadas por la fuerza brutal masculina parecen sustitutos de la vulnerabilidad emocional de Frida. Ella misma señaló: «¿Acaso esa mujer asesinada no era yo, a quien Diego asesinaba cada día? ¿O era la otra, la mujer con la que Diego podía encontrarse, a la que yo deseaba ver muerta? Sentía en mí una fuerte dosis de violencia, no puedo negarlo, hacía lo que podía. Me sentía como una pequeña Artemisa Gentileschi que pintaba, en el siglo XVII, a Judit degollando a Holofernes sin jamás en el fondo poder vengarse de la realidad que la había violado a ella, más que a través de un cuadro.» Al identificarse con la víctima de aquel crimen, Frida expresó la angustia que le produjo la situación provocada por el amor de su marido hacia su hermana.

A modo de huida y cansada de la situación, Frida decidió viajar aquel verano a Nueva York. Allí vivió cerca de Washington Square con su amiga pianista Mary

Allá cuelga mi vestido o Nueva York
1933, óleo y «collage» sobre fibra dura,
46 × 50 cm
San Francisco: Hoover Gallery

A modo de manifiesto y atestado de detalles, Frida pintó en el único «collage» de su obra su visión de Manhattan en los años de la depresión, ridiculizando los valores estadounidenses a través de un trofeo de golf y un retrete colocados en sendos pedestales. Mientras, interminables y despersonalizados rascacielos respaldan su reivindicativo traje de tehuana.

Unos cuantos piquetitos
1935, óleo sobre metal, 38 × 48,5 cm
Colección particular

Un homicidio cometido en la vida real sirvió a Frida Kahlo como argumento de su propia aflicción al pintar una obra dura y cruel, pero en cierta manera justificada, tal y como reza en la banderola de la parte superior del cuadro. En ella puede leerse que el asesino defendió su causa ante el juez con las palabras: «¡Pero si no eran más que unos cuantos piquetitos!»

Schapiro, hermana del historiador de arte Meyer Schapiro. Pero la distancia no implicó el olvido, y mantuvo pese a todo el contacto con Rivera. Durante aquel período, abandonó su vestimenta mexicana, sus joyas, sus peinados con cintas e incluso se hizo un retrato con su nuevo aspecto de cabello corto. A su regreso conoció al escultor japonés Isamu Noguchi, con quien vivió una aventura amorosa que el propio Diego se encargó de finiquitar. Su relación con Cristina había finalizado, pero jamás tuvo la intención de abandonar sus flirteos ni de permitir, si podía evitarlo, los de su esposa. En un famoso pasaje de su autobiografía, él mismo señaló: «Cuanto más amaba a una mujer, más necesitaba herirla. Frida fue la víctima más evidente de esa deplorable actitud.» Pero Kahlo había decidido que, desde entonces, daría rienda suelta a una sexualidad en la que las mujeres tenían cada vez más protagonismo y un nombre propio. Ello fue motivo de diversos cuadros, entre los que destaca *Dos desnudos en un bosque*, también conocido como *La tierra misma* o *Mi nana y yo*, que regaló a su amiga Dolores del Río, estrella cinematográfica que pasó por el lecho de ambos consortes. A Diego no le importaba que tuviera aventuras con mujeres, puesto que encontraba interesantes las relaciones lesbianas. Su proximidad llevó a Frida a retomar las antiguas costumbres en su indumentaria, dar marcha atrás con la idea del divorcio y hacer de la bebida un hábito cada vez más recurrido.

Un triángulo amoroso y artístico

El año 1936 significó para Frida tanto la reanudación de sus actividades políticas como nuevas alteraciones de su estado de salud. En el primer campo, el gobierno del entonces presidente Lázaro Cárdenas favoreció en México un clima de libre expresión, en el que Rivera, atacado por los comunistas, demostró un cierto desencanto, mientras que Frida se incorporó a la lucha por la defensa de la República española. Ayudó de la forma más activa que pudo, debido a que fue operada por tercera vez del pie derecho, y la columna vertebral seguía proporcionándole grandes malestares. Se dolía, aunque, lejos de hundirse, aquel sufrimiento le aportó un gran apetito vital y reforzó su carácter. Con el paso de los años había conseguido abrirse camino por sí misma, y no tan sólo por la notoriedad que le había proporcionado el matrimonio con su marido. Pese a ello, su actividad artística se vio resentida durante largos períodos porque su delicada salud no le permitía dedicarse a la pintura con regularidad. A pesar de sus cortas visitas a la Casa Azul, el inmueble permanecía en el corazón de la pintora. Cristina volvió poco a poco a ser su mejor amiga, pero el dolor que le había causado la infidelidad de su marido con ella quedó plasmado en *Recuerdo* o *El Corazón*. También realizó por entonces *El difuntito Dimas*, reflejo de un niño de unos tres años que yace sobre un petate vestido de San José el día de su velatorio, tema que forma parte del repertorio iconográfico mexicano desde la época virreinal y que evoca a los exvotos que la artista coleccionaba.

Entrar en contacto de nuevo con la política activa fue, en cierta manera, un modo de acercarse una vez más a Rivera, quien desde hacía algún tiempo había empezado a manifestar fervientes simpatías por la IV Internacional y la Liga Trotskista. Aquel mismo año, la pareja solicitó al gobierno mexicano el asilo político de León Trotski. De la Unión Soviética a México, pasando por Turquía, Noruega y Francia, la vida de aquel líder revolucionario había sido un largo y difícil camino de refugiados desde 1929, año en el que fueron expulsados de su país por Stalin. El presidente Lázaro Cárdenas dio su conformidad a la solicitud y, el 9 de enero de 1937, los Trotski llegaban al puerto de Tampico, lugar en el que Frida y algunos camaradas acudieron a recibirles.

Entre Trotski y Breton

León y Natalia Trotski se instalaron gustosamente en la Casa Azul de Coyoacán, inmueble que para su seguridad fue acondicionado prácticamente como un búnker. El propio Guillermo ya no vivía al parecer allí, sino en casa de una de sus hijas, y sólo mantenía en la antigua vivienda una habitación para su trabajo fotográfico. Poco a poco, se fue estableciendo en torno a aquel matrimonio el trabajo político, con actividades perfectamente organizadas. Trotski se abocó a la tarea junto con

El difuntito Dimas
*1937, óleo sobre masonita, 48 × 31 cm
Colección particular*

Quizá la muerte de este niño indio recordó a Frida los que ella había perdido y le impulsó a seguir la tradición mexicana de hacer retratos postmortem. El contraste entre la regia indumentaria y los oscuros pies descalzos resulta conmovedor, haciendo gala de la sencilla fe de la familia la imagen de la flagelación de Cristo colocada sobre la almohada.

El difuntito Dimas Rosas — a los tres años de edad. 1937.

sus secretarios Jean van Heijenoort, el estadounidense Bernard Wolfe y la dactiló-grafa rusa Rita Jakolevna. Un mes después, solicitó la formación de una comisión investigadora internacional que examinara las acusaciones lanzadas contra él y su hijo mayor León Sedov en los procesos de Moscú, por lo cual una subcomisión se desplazó hasta México a escuchar su declaración y a interrogarlo. Las audiencias se realizaron del 10 al 17 de abril en el salón de la casa, acondicionada para aquel evento con 40 asientos para periodistas y público que ocasionaron problemas de seguridad.

Fruto de la mutua compañía, entre Trotski y Frida Kahlo surgió una corta his-toria amorosa que terminó en julio de aquel mismo año. Muy astutamente, ella lo había utilizado para vengarse de su marido y, después, lo abandonó. Pese a ello, el 7 de noviembre, fecha del aniversario de la Revolución Rusa y cumpleaños del céle-bre huésped, la pintora le regaló un *Autorretrato dedicado a León Trotski* o *Between the Curtains*, cuadro que despertó la admiración de André Breton y del que, con el tiempo, escribió: «En la pared del despacho de Trotski he admirado largamente un autorretrato de Frida Kahlo de Rivera. Vestida con alas doradas de mariposa, así es como entreabre realmente su cortina mental. Nos es dado asistir, como en los mejores tiempos del romanticismo alemán, a la entrada de una mujer joven provista de todos los dones de la seducción, que está acostumbrada a evolucionar entre hombres de genio. En este caso, podemos esperar de su espíritu que sea un lugar geométrico, donde hallará su resolución vital una serie de conflictos, del orden de los que afectaron en su momento a Bettina Brentano o a Caroline Schlegel. Frida Kahlo de Rivera está preciosamente situada en ese punto de intersección de la línea política (filosófica) y de la línea artística, a partir del cual deseamos que se unifiquen en una misma conciencia revolucionaria, sin que por ello se lleguen a confundir los móviles de esencia diferente que las recorren. Como esa solución está buscada aquí en el plano plástico, la contribución de Frida Kahlo al arte de nuestra época está llamada a adquirir, entre las diversas tendencias pictóricas que van apareciendo, un valor clarificador muy especial.»

Breton y su esposa Jacqueline habían llegado a México en abril de 1938 con la intención de permanecer en el país durante varios meses. Enviado por el Ministerio de Asunto Exteriores, el poeta tenía como misión dar una serie de conferencias, y fueron alojados primero en casa de Lupe Marín y durante una temporada más larga en la vivienda de San Ángel, residencia por entonces del matrimonio Rivera. André simpatizaba con la Liga Trotskista y tuvo por ello la oportunidad de reunirse con Rivera y Trotski en Coyoacán, donde discutieron varias veces sobre política y arte. El antiguo líder ruso planificó con el francés la idea de crear una federación internacional de artistas y escritores revolucionarios en contra de las organizaciones estalinistas, fruto de la cual surgió el *Manifiesto por un arte revolucionario independiente* que le entregó, en su último encuentro, en el patio de la Casa Azul.

Pese a que Frida encontró a Breton arrogante, aburrido y demasiado teórico en sus concepciones artísticas, gracias a su ayuda consiguió aquel mismo año exponer en el extranjero. Para él, México era la esencia del surrealismo, e interpretaba los trabajos de Frida Kahlo también como surrealistas. Esta etiqueta a su trayectoria es una de las equivocaciones más frecuentes adoptadas por el gran público respecto a la clasificación y entendimiento de su obra. Para reflejar el error, basta citar sus propias palabras: «Pensaron que yo era surrealista, pero no lo fui. Nunca pinté mis sueños, sólo pinté mi propia realidad.» La diferencia entre su arte y el de los surrealistas quedó expresada en un artículo publicado en la revista *Vogue* por Bertram Wolfe tras aquella exposición: «Aunque André Breton... le dijera que ella es una surrealista, no fue siguiendo los métodos de esta escuela que ella logró su estilo... Completamente libre de los símbolos freudianos y de la filosofía que parece poseer a los surrealistas, su estilo es una especie de surrealismo "ingenuo" que ella creó para sí misma... Mientras que el Surrealismo oficial se ocupa de algo así como sueños, pesadillas y símbolos neuróticos, en la variante de madame Rivera dominan el ingenio y el humor.»

Mientras duró la aventura, Frida pareció contenta de haber sido objeto de atención de Trotski, un hombre en situación difícil, aunque famoso y admirado. Pero su recuerdo se amargó con los años en la memoria de la artista, pues, poco antes de su muerte, un periodista la entrevistó y obtuvo el siguiente relato de los hechos: «Entonces se vino lo de Trotski. Diego me dijo un día: "Voy a mandar por Trotski", y yo le dije: "Mira, Diego, vas a hacer un error tremendo político." Me dio sus razones y acepté. Mi casa estaba acabada de arreglar. Llegaron el viejo Trotski y la vieja Trotski, con cuatro gringos; pusieron adobes en todas las puertas y las ventanas. Él salió muy poco porque era un cobarde, a mí me chocó desde que llegó, por pretencioso... Cuando yo estaba en París, una vez me escribió el loco de Trotski y me dijo: "Diego es un individuo muy indisciplinado... Tenga la bondad de convencerlo de que vuelva a su partido." Yo le dije: "Yo no hago nada; porque Diego es aparte de mí; él hace lo que se le pega la gana y yo lo mismo, además, usted me ha robado, me rompió mi casa y me robó catorce camas...".»

**Autorretrato con cama
o Yo y mi muñeca**
*1937, óleo sobre metal, 40 × 30 cm
Ciudad de México: Jacques & Natasha
Gelman*

Se trata de una pintura que demuestra que nada podía aliviar su dolor por no ser madre. En lugar de la imagen convencional del amor materno, se representó como una mujer de gesto sobrio, sentada rígidamente y fumando como si ignorase a su «hija», una muñeca de cartón que sonríe burlona. Es una de las primeras obras que vendió a Edward G. Robinson.

Abriendo puertas, cerrando heridas

A principios de octubre de 1938, Frida Kahlo se dirigió a los Estados Unidos para preparar su primera exposición individual en la galería de Julien Levy en Nueva York. Se enfrentaba ahora a un nuevo reto, puesto que con anterioridad tan sólo había tenido la oportunidad de participar en alguna muestra colectiva. Sus relaciones con Diego no pasaban por el mejor momento, pero incluso así éste se volcó a fin de que todo estuviese perfecto para su esposa. La puso en contacto con gente importante y la ayudó incluso a redactar la lista de invitados para la inauguración. A su vez, la galería realizó una gran campaña publicitaria, equiparable a una estrella de cine, mientras que artículos periodísticos y un anuncio en la revista *Vogue* aportaron su granito de arena. Su imagen estaba por doquier, fotografiada ante distintas obras. Una de éstas era *Lo que vi en el agua* o *Lo que me dio el agua*, lienzo en el que desarrolló como nunca un lenguaje pictórico propio y recurrió a múltiples elementos de otros trabajos.

Para ella había significado un gran descubrimiento saber que existían personas interesadas en su pintura, puesto que hasta entonces se había dedicado a su afición sin pensar en un hipotético público. Así se lo demostró durante aquel verano el actor estadounidense Edward G. Robinson, a quien Diego le vendió cuatro lienzos de su esposa al precio de 200 dólares cada uno. Para Frida, aquella venta fue algo sorprendente en su vida, pero saboreó por primera vez el dulce placer de sentirse independiente económicamente. Su presencia en Nueva York se convirtió en un acontecimiento social, y la exposición, abierta del 1 al 14 de noviembre, se saldó con un buen balance comercial. A pesar de su salud precaria, la noche de la inauguración su moral estaba lo suficientemente motivada como para poner un especial cuidado en su indumentaria, sabedora de que iba a encontrarse con la flor y nata de la sociedad neoyorquina. El prólogo del catálogo corrió a cargo de André Breton, lo cual suscitó ciertas críticas al estar redactado en francés. De las 25 obras expuestas, fueron vendidas la mitad, y obtuvo además encargos de algunos de los visitantes, como por ejemplo de A. Conger Goodyear, entonces presidente del Museo de Arte Moderno de la ciudad. Este personaje se había entusiasmado con el cuadro *Fulang-Chang y yo*, pero ya había sido regalado por la artista a su amiga Mary Schapiro. Por ello, le encargó la ejecución de una obra parecida para él, cuyo resultado fue un sorprendente *Autorretrato con mono*.

Tampoco desaprovechó la ocasión de conocer a nuevas personas e inició una aventura amorosa con el fotógrafo estadounidense, de origen húngaro, Nickolas Muray, a quien había conocido en México y que era autor de una de las fotografías más famosas que de la pintora se conocen. Se abandonó a aquella relación con gran pasión y naturalidad, pese a lo cual siguió manteniendo contacto con su esposo. Sabía que su afecto por él era inquebrantable, pero ello no le impedía amar intensamente a otros hombres y mujeres. A pesar de las infidelidades, ella siempre

Lo que vi en el agua
o Lo que me dio el agua
1938, óleo sobre lienzo, 91 × 70,5 cm
Colección particular

Esta curiosa obra podría definirse como una lectura visual de muchos de los acontecimientos vividos por Frida Kahlo hasta entonces. Fragmentos fácilmente reconocibles de lienzos anteriores abundan por doquier, recogidos en un conjunto que apela a la simbología y a lo surreal, pero en ningún caso adopta la fantasía y deja de lado la realidad.

sostuvo: «Ser la mujer de Diego es la cosa más maravillosa del mundo. Yo le dejo
jugar al matrimonio con otras mujeres. Diego no es el marido de nadie y nunca lo
será, pero es un gran compañero.» Por otro lado, también decía: «He sufrido dos
grandes accidentes en mi vida: uno fue en autobús, y el otro, Diego.» Este tipo de
contradicciones son un ejemplo de la relación turbulenta que siempre mantuvo la
pareja.

Durante su estancia en Nueva York, Frida asistió a una fiesta organizada por su
amiga Dorothy Hale, una actriz y corista a la que había conocido en México.
Casada con Gardiner Hale, un pintor de retratos de la clase alta, su fallecimiento
en un accidente automovilístico la sumió en grandes dificultades económicas. No

En la ciudad de Nueva York el día 21 del més de OCTUBRE de 1938, a las seis de la mañana, se suicidó la señora DOROTHY HALE tirándose desde una ventana muy alta del edificio Hampshire House. En su recuerdo, éste retablo, habiéndolo ejecutado FRIDA KAHLO.

podía conservar en modo alguno el desenfreno pecuniario sostenido en vida de su difunto esposo, y se mantenía con los favores monetarios de sus amigos. En sus constantes intentos por encontrar trabajo, la encasillaron, a sus 33 años, como demasiado vieja para una carrera profesional. Acostumbrada a una vida fácil y al dinero, decidió suicidarse, no sin antes celebrar por todo lo alto su despedida anunciando a sus más allegados que «iba dar inicio a un largo viaje». Aquella noche, Frida Kahlo se retiró pronto porque (circunstancias del destino) al día siguiente tenía que empezar un retrato de la propia Dorothy. Sin embargo, la noticia de aquella muerte apareció antes de darle tiempo a poner siquiera a punto su paleta de colores.

Pese a tan desgraciado suceso, Clare Boothe Luce, la editora de la revista de moda *Vanity Fair*, pidió a Kahlo que pintara igualmente aquel retrato y le proporcionó un par de fotografías para facilitarle el trabajo. Quería regalar el cuadro a la madre de Dorothy para que tuviese un bello recuerdo de su hija, aunque, según otras versiones, fue la propia artista la que se ofreció a llevar a cabo la obra. Llegadas a un acuerdo, el resultado no fue para la editora el esperado: Frida había optado en su pintura por una versión más cruel y había escenificado el suicidio en las diferentes fases de la caída desde lo alto del lujoso edificio de apartamentos de Hampshire House. Cuando Clare Boothe vio el lienzo, su primera tentación fue destruirlo: «Nunca olvidaré el susto que me llevé cuando saqué el cuadro de la caja. Me sentía psíquicamente enferma. ¿Qué iba a hacer yo con este escalofriante cuadro del cadáver estrellado de mi amiga, con su sangre goteando por todas partes? No podía enviarlo de vuelta –a lo ancho del borde superior se encontraba un ángel portando un estandarte desenrollado donde se decía en español que esto era "el asesinato de Dorothy Hale, pintado por encargo de Clare Boothe para la madre de Dorothy." Ni siquiera a mi más encarnizado enemigo le habría yo encargado pintar un cuadro tan sangriento, y mucho menos de mi desafortunada amiga.» Finalmente, optó por la prudente solución de sobrepintar la banderola y borrar parte de la inscripción inferior para mantener alejado su nombre de aquel trabajo. Si Frida quería notoriedad, indudablemente la obtuvo, pues la prensa mexicana se encargó de publicar la fotografía de su funesto lienzo.

La experiencia de París

A finales de año, Frida Kahlo recibió en Nueva York noticias de París, ciudad hacia la que tomó rumbo, no sin ciertas dudas, en enero de 1939. A su llegada a la capital francesa se encontró con que Breton no se había tomado grandes molestias en organizar la prometida exposición. Los cuadros estaban retenidos en la aduana y faltaba todavía una galería apropiada. Desesperada, pensó en volver enseguida. Telegrafió a Diego, quien le aconsejó que se quedara, aunque sólo fuera para recuperar los cuadros. Se alojó unos días en casa de Breton, y el tiempo además no acompañaba. El desconocimiento del idioma acentuó su soledad, aunque no por ello dejó de reconocer la belleza de la ciudad y recorrió los principales lugares. Trabó amistad también con ciertas personas que le interesaron, como Paul Éluard, Yves Tanguy, Max Ernst y Marcel Duchamp, cuya ayuda resultó inestimable y gracias a quien consiguió llevar a cabo los preliminares necesarios para la muestra. Pero también enfermó de una infección en el riñón, con fiebres altas, lo cual obligó a internarla en el hospital americano de Neuilly. Cuando la fiebre bajó y el malestar empezó a remitir, se sintió feliz de estar en un centro en el que podía hablar inglés. Una vez dada de alta, la familia Duchamp la acogió en su casa con los brazos abiertos.

A pesar de las dificultades relacionadas con la organización, la galería Renou & Colle, conocida por su especialización en pintura surrealista, se mostró dispuesta a exponer la obra. Así, bajo el título de *Méxique*, el 10 de marzo fue inaugurada una exposición en la que también pudieron verse, junto a los trabajos de Frida, obras mexicanas de los siglos XVIII y XIX, además de fotografías de Manuel Álvarez Bravo, esculturas precolombinas de la colección de Diego Rivera y numerosos objetos de arte popular (máscaras, exvotos) que Breton había adquirido en los mercados mexicanos.

Sin embargo, la amenazante situación de guerra en que se hallaba Europa en aquellos momentos, no contribuyó precisamente a un gran éxito financiero, motivo por el cual Frida renunció a continuar un periplo que la había de llevar a continuación a la galería londinense Guggenheim Jeune. Obtuvo, eso sí, una crítica favorable en la revista *La Fleche*, y el Louvre compró el *Autorretrato «The Frame»*, siendo ésta la primera obra de un artista mexicano de ese siglo que entraba a formar parte de los fondos del museo. Fue valorada por los pintores, desde Yves Tanguy a Pablo Picasso, quien, muy impresionado, escribió más tarde a Rivera: «Ni tú, ni Derain, ni yo, somos capaces de pintar una cara como las de Frida Kahlo.»

También conoció otros medios, como la alta costura. La diseñadora Elsa Schiaparelli, seducida por la manera en que vestía Frida, creó para las damas de París una versión de sus vestidos de tehuana, el «Robe Madame Rivera». Agasajada constantemente de un modo u otro, supo apreciar sin alardear el justo valor de su éxito.

En conjunto, si el comienzo de su estancia en París no fue muy afortunado, los restantes días no fueron mejores. Aunque tenía gran interés por conocer el círculo de artistas que se movía en torno a Breton, los surrealistas la decepcionaron. Estuvo siempre de mal humor y no paró de refunfuñar contra «esa banda de hijos de puta lunáticos que son los surrealistas», según sus propias palabras, a quienes no les encontró la menor gracia. A los dos días de clausurada la exposición, abandonó definitivamente Francia. Estaba ansiosa por volver a Nueva York, por ver a sus viejos amigos, a Nickolas. Pero nada más pisar suelo americano, el fotógrafo le comunicó su intención de contraer matrimonio con su nueva pareja. Aquella noticia sumió a Frida en una gran tristeza y precipitó su decisión de regresar a México, aunque era sabedora de que su situación sentimental tampoco sería nada fácil allí. Se le atribuían a Diego muchas aventuras, había roto con Trotski y se había enterado de su efímera aventura con él. Cansada de sus celos y de su permanente infidelidad, decidió abandonar aquel verano la casa común en San Ángel y refugiarse en su vivienda de Coyoacán, desocupada tras la partida del matrimonio ruso. Delicada de salud como estaba, su hermana Cristina cuidó entonces de ella. A finales de aquel mismo año, la separación definitiva entre Diego y Frida era ya un hecho oficialmente consumado.

Poco después del divorcio, Kahlo finalizó *Las dos Fridas*, cuadro sentimentalmente explícito de su estado anímico. En él puede verse a la artista formada por dos personalidades unidas por sus manos a modo de meditado reflejo de la crisis y la posterior disolución matrimonial. Ante un cielo gris con nubes de tormenta, la parte de su persona admirada y amada por Rivera, la Frida mexicana con traje de tehuana, sostiene un amuleto con el retrato de su marido cuando niño. Sentada a su lado está su otro ego, una Frida herida y sangrante cuyo vestido de encaje la hace parecer europea. Una, querida; la otra, no. Los corazones desnudos de ambas están unidos mediante una arteria, mientras que los otros extremos están separados. En una visita a México, su antiguo amante Nickolas Muray tuvo la oportunidad de ver el cuadro aún inacabado y se quedó sorprendido por las grandes e inusuales dimensiones del lienzo. Pero aunque la terapia de la pintura contribuía a aliviar su dolor, la desesperación reflejada en aquel lienzo buscó su consuelo en la vida real en grandes dosis de alcohol.

Autorretrato «The Frame»
h. 1938, óleo sobre aluminio y cristal, 29 × 22 cm
París: Musée National d'Art Moderne, Centre Georges Pompidou

Al igual que sucedió con Lo que vi en el agua, *esta obra fue reproducida en color por la revista «Vogue» con motivo de la primera exposición de Frida en Nueva York. El retrato y el fondo azul están pintados sobre un panel de aluminio, mientras que los ornamentos florales que lo enmarcan y las dos aves fueron realizados sobre cristal y colocados a su vez sobre el retrato.*

Las dos Fridas
1939, óleo sobre lienzo, 173,5 × 173 cm
Ciudad de México: Museo de Arte
Moderno

El dolor que causó en Frida su separación
legal de Diego tuvo su correspondencia en
este significativo lienzo, formado por un
mismo sentir de doble personalidad.
Adorada y querida en su parte mexicana,
la Frida europea perdió también una parte
de sí misma: del corte en la arteria brota
un hilo de sangre que a duras penas es
contenida por una pinza de cirujano.

Frida Kahlo y Diego Rivera
Fotografía

«Si repartía su afecto, ella lo disculpaba argumentando: "Cómo podría yo amar a alguien que no resultara atractivo para otras mujeres." Hizo patente en sus escritos, en sus declaraciones y, principalmente, en su arte, que Diego fue su amor de tiempo completo y un compañero compartido, infiel, mientras ella era su "única y verdadera mitad".» Martha Zamora.

La máscara
1945, óleo sobre lienzo, 40 × 35 cm
Colección particular

«Me retrato a mí misma porque paso mucho tiempo sola y porque yo soy el motivo que mejor conozco», reveló ella un día al ser interrogada por sus numerosos autorretratos. Pero aquí, la máscara de pasta de papel muestra los sentimientos que el semblante no revela: el rostro se convierte en máscara, la máscara en rostro.

Creatividad y soledad

Rota por una separación inevitable, pero que en el fondo no soportaba, Frida estaba demasiado mal como para que su salud no recibiese un golpe. La espalda volvió a causarle grandes problemas, y un hongo en la mano derecha vino a empeorar la situación. Pese a ello, el orgullo de no aceptar apoyo económico alguno de Rivera la llevó a un intenso trabajo con el que demostrar que podía ganarse la vida con la pintura. Realizó en los años siguientes una serie de autorretratos que llaman la atención por su gran parecido, incluso podría decirse coincidencia. Tan sólo se diferencian por los atributos, el fondo cambiante y el colorido, influido por el arte popular mexicano. Con ellos expresó diversos estados de ánimo, y el contraste entre la rica decoración, el adorno del atuendo y del peinado y la seriedad y la rigidez del rostro convierten a este último en una máscara tras la que la artista ocultó sus verdaderas inquietudes. Con *La máscara*, Frida dio lugar al reverso de este prin-

Autorretrato con pelo cortado
1940, óleo sobre lienzo, 40 × 27,9 cm
Nueva York: Museum of Modern Art

En esta obra, Frida recuperó en cierta manera el talante díscolo de su etapa juvenil, momento en el que algunas fotografías testimonian su tendencia hacia la vestimenta masculina. Sin embargo, el corte de su larga melena (con abundantes mechones esparcidos en el suelo de la habitación) es, con diferencia, el que más acentúa el amargo rechazo a su condición de mujer.

Mira que si te quise, fué por el pelo,
Ahora que estás pelona, ya no te quiero.

cipio: ahora es la máscara de pasta de papel la que muestra los sentimientos que el semblante de la artista no revela.

El nuevo «status» independiente de la Kahlo también es perceptible en *Autorretrato con pelo cortado*, obra en la que dejó de lado su feminidad y aparece vestida con un amplio y oscuro traje de caballero. Los mechones esparcidos por el suelo y enredados entre las patas de la silla, demuestran que su largo cabello acaba de ser cortado con una tijera que ella sostiene aún en las manos. El verso escrito en la parte superior revela la razón del hecho: «Mira que si te quise, fue por el pelo. Ahora que estás pelona, ya no te quiero.» El texto procede de una canción mexicana que se puso de moda a principios de los años cuarenta. Frida Kahlo, quien, al igual que el verso, se sentía amada sólo gracias a sus atributos femeninos, decidió deshacerse de ellos y dejar de lado la imagen delicada que de ella se esperaba. Empezó por desembarazarse de su melena, tal y como ya había hecho en una separación anterior, y renunció al traje de tehuana, tan del agrado de su marido. Se vistió con indumentaria masculina, pero conservó los pendientes en las orejas como único atributo de su condición de mujer.

El 17 de enero de 1940 tuvo lugar en México la inauguración de la Exposición Internacional del Surrealismo, organizada por André Breton, el poeta peruano César Moro, el pintor austríaco Wolfgang Paalen y la artista francesa Alice Rahon en la galería de Arte Mexicano de Inés Amor, la primera privada en su género del país. Reunieron gran cantidad de nombres célebres, entre los que se encontraban Alberto

Giacometti, Raoul Ubas, Yves Tanguy, Man Ray, Giorgio de Chirico, Pablo Picasso, Paul Delvaux, Meret Oppenheim, Matta Echaurren, Wassily Kandinsky, Paul Klee, André Masson, Henry Moore, René Magritte, Manuel Álvarez Bravo, Hans Arp, Kurt Seligman, Humphrey Jennings, Salvador Dalí, Denisse Bellon, Hans Bellmer, Diego Rivera... Frida Kahlo participó con *Las dos Fridas* y *La mesa herida*. Pero la ambiciosa propuesta, con obras cuyo eclecticismo pretendía dar a conocer tanto diversas técnicas como varios contenidos artísticos, defraudó a los asistentes que acudieron a la apertura. Más vacía y dependiente de la bebida que nunca, Frida trabajaba por entonces en *El sueño* o *La cama*, obra en la que aparece descansando en su cama con baldaquino, en cuyo techo reposa un esqueleto más grande que ella, a modo de figura de Judas, con los huesos de las piernas remendados. Durante aquel período nunca estaba sola. Necesitaba estar rodeada de gente que la elogiara y la adorara. Después del divorcio, envió un montón de invitaciones y convirtió su casa prácticamente en un hotel por el que desfilaron personajes famosos que asistían a sus fiestas. Pero, en realidad, sólo se encontraba realmente bien cuando pintaba.

De nuevo con Diego

Pese a que continuaba viéndose con Diego, no pasaba por un buen momento, y aquella circunstancia se agravó con el atentado, en el mes de mayo, contra el matrimonio Trotski de manos de los grupos estalinistas mexicanos, encabezados por el muralista David Alfaro Siqueiros. Fallaron en aquella ocasión, pero no erraron su objetivo en el mes de agosto: Ramón Mercader, el asesino, había conseguido meses antes ganarse la confianza de Frida, motivo por el cual la policía efectuó un inmediato registro de la Casa Azul, y las hermanas Kahlo fueron retenidas y mantenidas bajo vigilancia.

Después de aquel incidente, Frida se sumió en una profunda depresión. Su salud empeoraba a pasos agigantados. Por consejo del Dr. Eloesser, en septiembre de aquel año viajó a San Francisco para someterse a un tratamiento en su consulta. Como agradecimiento por la terapia, que logró estabilizar su estado de salud, pintó para el galeno el *Autorretrato dedicado al Dr. Eloesser*. La dedicatoria para su amigo se encuentra en la zona inferior del cuadro, en una cinta sujeta por una mano. Así mostró la causa del sufrimiento, la mano afectada de hongos. El médico la liberó de su martirio, simbolizado por los rastros de sangre que la corona de espinas de Cristo dejó en su cuello en señal de la liberación del sufrimiento. Por aquella época, Diego Rivera también se encontraba en San Francisco pintando un mural para la Exposición Internacional del Golden Gate. Se encontraron y, cuando al poco tiempo propuso a la pintora casarse de nuevo, ésta aceptó enseguida. Señalaba el muralista: «La separación había tenido malas consecuencias para ambos». No obstante, Frida Kahlo puso ciertas condiciones antes de la inminente boda, entre ellas financiar sus propios gastos con las ganancias de su trabajo, afrontar a partes iguales los gastos comunes y la total abstinencia de relaciones sexuales entre ellos, ya que aquello le resultaba insoportable cuando Diego se iba con otras mujeres. Antes de eso, tuvo tiempo de participar en Nueva York en la exposición *Veinte Siglos de Arte Mexicano* y vivir un tórrido romance con Heinz Berggruen, un joven y rico coleccionista de arte.

El 8 de diciembre, fecha del 54.º aniversario del muralista, sellaron un renovado compromiso. Poco después, la artista regresó a México, y Rivera llegó en febrero de 1941. Sin tiempo para respirar, tuvieron que afrontar la pérdida de su padre y suegro, Guillermo, quien falleció de un ataque cardíaco el 14 de abril. La Casa Azul quedó así huérfana de su más ilustre inquilino, aunque el renovado matrimonio intentó llenarla de vida y amplió sus dimensiones. El escenario era idéntico, pero en realidad algo había cambiado: Frida había ganado seguridad en sí misma, independencia económica y sexual y, sobre todo, un merecido prestigio artístico. La vida comenzó de nuevo alrededor de la pintura, las tareas cotidianas, los amigos, las

Pinté mi retrato en el año de 1940
para el Doctor Leo Eloesser, mi médico y
mi mejor amigo. Con todo mi cariño.
Frida Kahlo

Autorretrato dedicado al Dr. Eloesser
1940, óleo sobre fibra dura,
59,5 × 40 cm
Colección particular

Salvada de una nueva crisis, Frida Kahlo
agradeció al doctor Eloesser su ayuda con
este cuadro. La forma de la mano que
sujeta una banderola se repite en el
pendiente de la artista, aludiendo así al
problema de hongos que le inquietaba.
Al fondo, entre las ramas secas de follaje se
elevan otras con frescos capullos blancos,
detalle que apunta a su recuperada fuerza
vital.

preocupaciones políticas y los animales domésticos. Recibieron distinguidos visitantes de Europa y Estados Unidos, entre ellos el fotógrafo Fritz Henle, autor de la única fotografía de Kahlo en su estudio, y amistades como Concha Michel, Dolores del Río, María Félix, Lucha Reyes y Chavela Vargas. El pacto sobre el que se basaba el nuevo matrimonio funcionaba bastante bien. Apoyo recíproco, respeto mutuo... la pareja trataba de jugar lo mejor que podía con esos elementos para evitar los conflictos. Fruto del nuevo estado moral de la pintora es *Autorretrato con trenza*, obra en la que convirtió de nuevo su cabello en un elemento de expresión de sus sentimientos. Puede verse a la artista con un peinado muy parecido al que usan las mujeres indígenas en la región norte de la provincia de Oaxaca y en la Sierra Norte de Puebla. El cabello está peinado hacia atrás, bien apretado, y un mechón trenzado con una cinta roja de lana se eleva sobre la cabeza como un adorno postizo. Así, un año más tarde, Frida recuperó la feminidad que poco antes había rechazado y depuesto. Expuso también por entonces en el Boston Institute of Contemporary Arts.

Autorretrato con trenza
1941, óleo sobre fibra dura,
51 × 38,5 cm
Ciudad de México: Jacques & Natasha
Gelman

«No es la tragedia la que preside la obra de
Frida. Esto ha sido muy mal entendido por
mucha gente. La tiniebla de su dolor sólo
es el fondo aterciopelado para la luz
maravillosa de su fuerza biológica, su
sensibilidad finísima, su inteligencia
esplendente...» Diego Rivera.

En línea recta hacia el éxito

Frida trabajaba tanto como se lo permitían la vida con Diego y su cuerpo enfermo y dolorido. Su propio marido expresaba bien alto lo que otros pensaban sin decirlo: que ella pintaba mejor que él. La animaba sin cesar, se preocupaba por darla a conocer, la colocaba en un primer plano. La pintura era un ámbito en el que no se creaban rivalidades entre ellos, puesto que cada uno seguía su propio camino y admiraba al otro sin reservas. Comparativamente, ella había producido muchos más cuadros durante el período en que se encontró sola, angustiada, aunque exenta de tareas domésticas que ahora deseaba cumplir. A diferencia de Rivera, ella trabajaba pocas horas al día, pero siempre con el mismo cuidado: cada pincelada estaba pensada, el más mínimo pelo de la piel de un mono requería una gran dosis de minuciosidad. Daba igual si un cuadro permanecía en el caballete durante varios meses: su pintura no era una carrera contra reloj, ni se le exigía prisa alguna.

Durante la primera mitad de los años cuarenta, la cada vez más constante presencia de animales caseros (papagayos, monos, perros Itzcuintli, ciervos) y la flora mexicana en los autorretratos (*Yo y mis pericos*, *Autorretrato con monos*) indican la tranquilidad de que disfrutó la artista durante aquel período, a pesar de que también sufría, en cierta manera, de soledad. Con anterioridad, un cuadro como *Perro Itzcuintli conmigo*, había demostrado la melancolía en que se hallaba inmersa, otorgando el pequeño animal seguridad y dulzura a su existencia. Por entonces, la situación política mundial se hacía cada vez más explosiva. La guerra europea persistía, y en 1941 irrumpieron las fuerzas armadas alemanas en la Unión Soviética. La oposición de Stalin contra Hitler hizo que Frida Kahlo se sintiera de nuevo cercana al Partido Comunista. La Segunda Guerra Mundial dio lugar a un despliegue económico en México, puesto que la industria de guerra estadounidense necesitaba materias primas. Al mismo tiempo, bajo el gobierno del presidente Manuel Ávila Camacho (1940-1946) se llevó a efecto un giro hacia la derecha, lo que se hacía notar sobre todo en la política cultural.

El reconocimiento público de Frida en México y fuera aumentó, sin embargo, en estos años. En 1942 fue elegida miembro del Seminario de Cultura Mexicana, una organización dependiente del Ministerio de Cultura formada por 25 artistas e intelectuales. Su función era el fomento y la divulgación de la cultura mexicana, la organización de exposiciones y conferencias, y la edición de publicaciones. Expuso, además, en el Museo de Arte Moderno de Nueva York. A nivel personal, también fue aquel el año en que comenzó a escribir un diario, considerado con el tiempo como una de las fuentes primordiales de su forma de pensar y sentir. En sus páginas, no sólo comentó los años cuarenta hasta su muerte, sino que también se remontó a su niñez, adolescencia y juventud. Trató de argumentos como la sexualidad y la fertilidad, la magia y el esoterismo, así como de sus sufrimientos físicos y psíquicos, temas que fijó en bocetos a la acuarela y a la aguada. Son páginas que

Yo y mis pericos
1941, óleo sobre lienzo, 82 × 62,8 cm
Colección particular

Una fotografía de Nickolas Muray y Frida con esta pintura demuestra que el cuadro fue, cuando menos comenzado, durante el período en que ambos mantenían una relación amorosa. Los cuatro papagayos proceden del mundo pictórico hindú, donde son los animales de tiro del dios del amor, Kama. Como símbolos eróticos, aluden con su presencia a aquella etapa.

Autorretrato con monos
1943, óleo sobre lienzo, 81,5 × 63 cm
Ciudad de México: Jacques & Natasha
Gelman

«Extraordinaria retratista, la serie de sus
autorretratos es un ejemplo admirable de la
expresión intensiva, pero nunca repetida,
de un mismo elemento. Colocados uno tras
otro los dibujos y pinturas de su rostro
cetrino y cejijunto... su conjunto exalta...
la condición humana de ser uno mismo y
siempre diferente, idéntico y cambiante.»
Raquel Tibol.

contienen diversos apuntes de dibujo, declaraciones de amor a Diego, frases que remarcan su soledad, su cuerpo torturado, su visión del mundo, de la tierra, de la vida...

En la segunda mitad de esa década, disfrutó de tal prestigio, que formó parte de la mayoría de las exposiciones colectivas de México, y Estados Unidos (Filadelfia, San Francisco) no tardó tampoco en llamar a su puerta. Los formatos de sus cuadros aumentaron otra vez de tamaño a finales de los años treinta y principios de los cuarenta. Puesto que su proyección internacional la ayudó a darse a conocer a un público más amplio, empezó a ser extremadamente solicitada. Todo el mundo se disputaba una obra suya, y su reputación se consolidaba por momentos. Llama la atención que, especialmente en los años cuarenta, se dedicase más exhaustivamente a la ejecución de unos retratos de busto caracterizados por la detallada decoración del fondo y de los atributos. Tal circunstancia responde, con toda probabilidad, a las demandas y exigencias de los compradores, quienes deseaban desvincularse de las autorrepresentaciones de cuerpo entero, a menudo sorprendentes e

Perro Itzcuintli conmigo
h. 1938, óleo sobre lienzo, 71 × 52 cm
Colección particular

Los animales caseros siempre dotaron de
sentido las obras de Frida Kahlo, quien
buscó en ellos llenar su mundo de los
sentimientos que en ciertos períodos carecía.
Amantes de la naturaleza y los seres vivos,
la presencia de perros Itzcuintli fue una
constante en la vivienda del matrimonio
Rivera. Con su diminuto tamaño, la
artista resaltó aquí lo grande de su
compañía.

inmersas en un marco narrativo. Uno de los mecenas que esporádicamente le hacía encargos era el ingeniero agrónomo Eduardo Morillo Safa, que ocupaba un puesto en el servicio diplomático del gobierno. En el curso de los años compró unos 30 cuadros de Kahlo y se hizo retratar a sí mismo y a cinco miembros de su familia, en cuadros como *Retrato de Doña Rosita Morillo* y *Retrato de Lupita Morillo*.

Una peculiar filosofía docente

La Escuela de Cultura y Talla Directa (conocida como Escuela de Talla Directa), dependiente del Ministerio de Educación y transformada en 1942 en la Escuela Nacional de Pintura y Escultura, que ahora se llama Escuela Nacional de Pintura, Escultura y Grabado (E.N.P.E.G.) y se conoce como «La Esmeralda», en honor de la calle en que se encontraba, permitió a Frida explorar otra faceta de su actividad artística. Al objeto de reformar las clases de arte, 22 artistas fueron incorporados al personal docente, entre ellos Frida Kahlo y Diego Rivera. La pedagogía popular y liberal del centro hizo que desde el principio obtuviese un gran éxito. La iniciativa resultó más ambiciosa que el lugar, ya que en vez de trabajar en un estudio ante modelos de escayola o copiar modelos europeos, los alumnos eran enviados a la calle o al campo para que buscaran inspiración en la realidad mexicana, en clara consonancia con la vocación y la dinámica de la escuela. Artistas más que profesores, las enseñanzas de sus maestros quedarían marcadas por sus personalidades. Junto a la formación práctica, los estudiantes recibían también clases de matemáticas, español, francés, historia e historia del arte. Puesto que la mayoría de ellos procedía de familias de clase trabajadora, las clases y los materiales eran gratuitos. En general, tenían 16 o 17 años, y las chicas eran minoría.

Frida fue responsable, a partir de 1943, de una clase de pintura de 12 horas semanales. Resignada a la imposibilidad de convertirse en madre, el contacto con gente joven fue de su agrado. El tema de los niños no fue un argumento muy prolífico en su pintura, pero no hay duda alguna de que le gustaban. Además, siempre mantuvo una estupenda relación con sus sobrinos Isolda y Antonio, hijos de su hermana Cristina.

En lugar de prepararse las clases, aplicó un método poco ortodoxo que sorprendió al principio a sus alumnos. Desde el primer día les ofreció el tratamiento de tú e insistió en una relación de camaradería. Jamás los tuteló, sino que buscó por encima de todo estimular su propio desarrollo y autocrítica. Intentó enseñarles algunos principios técnicos y la imprescindible autodisciplina y, aunque comentaba los trabajos, nunca atacó directamente el proceso creativo. Evitó la crítica fácil, porque pensaba que en realidad no había reglas para aprender a pintar, con excepción del despliegue de la propia personalidad al máximo de sus posibilidades. Lo único que quería era que crearan imágenes extraídas de su propio mundo, y les enseñó para ello a apreciar la belleza de lo que les rodeaba, la mexicanidad de su entorno. «No decía ni media palabra acerca de cómo debíamos pintar ni hablaba del estilo, como lo hacía el maestro Diego... Fundamentalmente, lo que nos enseñaba era el amor por el pueblo y un gusto por el arte popular», recordaban sus discípulos. Les incitó a pintar lo que veían, sin recurrir a artificios. «Dibujen lo que ven», les decía, «dibujen lo que sientan». Un día, ella decía de manera imprevista: «Muchachos, no podemos hacer nada encerrados en esta escuela. Salgamos a la calle. Vayamos a pintar la vida callejera.» A veces iban a una pulquería, desde donde se refrescaban, miraban cómo bebía la gente, escuchaban música de guitarras y cantaban canciones con los ex revolucionarios borrachos, a los que Frida llamaba «sus camaradas».

Sus alumnos estaban encantados, más incluso cuando la profesora se presentaba en la escuela con cestas de comida para picar. No obstante, la salud de Frida Kahlo no tardó en jugarle una mala pasada. Sus diarios traslados a Ciudad de México para impartir clase le perjudicaban la espalda, motivo por el cual decidió continuar aquella tarea en la Casa Azul y que fuesen los jóvenes los que se desplazasen. La idea fue de su agrado y, al principio, unos 10 o 12 de ellos iban a la vivienda cada día. Montaban sus caballetes en el jardín o bien se desplazaban a lugares cercanos y pintaban durante toda la mañana. Ella les daba de comer y les proporcionaba por añadidura pinturas y lienzos. En octubre de aquel mismo año, Rivera publicó un artículo sobre su esposa titulado «Frida Kahlo y el Arte Mexicano», en el *Boletín del Seminario Mexicano de Cultura*. Escribió un recorrido por la historia, la sociedad y el arte de México hasta llegar a su esposa, declarando casi al final del ensayo: «Para Frida lo tangible es la madre, el centro de todo, la matriz; mar, tempestad, nebulosa, mujer.»

Pero aquella idílica situación tampoco duró mucho tiempo. La larga distancia de Coyoacán con la ciudad hizo que los muchachos dejaran de venir uno a uno, puesto que no podían hacer aquel largo trayecto cada día. Al final, sólo quedaron cuatro y fueron denominados con el apelativo de «Fridos»: Arturo García Bustos, Guillermo Monroy, Arturo «el Güero» Estrada y Fanny Rabinovich, posteriormente conocida como Fanny Rabel. Algunos tuvieron incluso la oportunidad de aplicar sus conocimientos de pintura mural aprendidos con Diego en la Escuela en la decoración de las paredes exteriores de la pulquería denominada «La Rosita», cercana a la Casa Azul. Kahlo había obtenido permiso para ello, sabedora de que sería

un buen ejercicio para sus muchachos. De esta forma, y junto con algunos alumnos de su marido, pintaron allí durante algún tiempo y, cuando en junio de 1943 finalizaron el trabajo, Frida decidió organizar una fiesta por todo lo alto a modo de inauguración e hizo imprimir y distribuir folletos para dar a conocer el inminente festejo. En otras palabras, convirtió aquella diversión local en un evento social de gran importancia, al que acudieron tanto la prensa como un desfile de personalidades. Con el tiempo, la exitosa iniciativa popular supuso para Kahlo un alud de nuevas propuestas, entre las que materializó la realización de un mural en una lavandería pública. Lo cierto es que ayudó mucho a sus jóvenes discípulos, les consiguió trabajo y les buscó todas las alternativas posibles para montar exposiciones.

El arte como forma de vida y expresión de muerte

Mientras los alumnos de Frida saboreaban la experiencia de la Casa Azul, ella no dejó de pintar. Del amor obsesivo que aún sentía por su marido son ejemplo *Autorretrato como tehuana* o *Diego en mi pensamiento*, cuadro en el que las raíces

Flor de la Vida
*1943, óleo sobre fibra dura,
27,8 × 19,7 cm
Colección particular*

*La obsesión de Frida por la fertilidad se
plasmó en su visión de la interconexión de
todos los fenómenos naturales. Las fuerzas
cósmicas y sexuales están vinculadas entre
sí; el sol es energía creadora y, como tal, da
vida. El esperma que brota del falo puede
interpretarse como los rayos de luz divina
que caen sobre un feto en el momento de
salir del útero.*

de las hojas que adornan su tocado aluden a la tela de araña con la que intenta rete-
ner a su marido, y *Diego y Frida 1929-1944* o *Retrato doble Diego y yo*, realizado en
ocasión del 58.º aniversario de su marido y 15.º de unión, formado por un rostro
completo con la mitad de la cara de cada uno.

    Sin embargo, pintaba más que nunca sus emociones, su dolor físico, y la idea
del más allá no tardó en aparecer en su mente. Realizó así *Pensando en la muerte*,
autorretrato en el cual plasmó el cráneo de una calavera en su frente y en el que se representó ante un fondo de ramas con espinas, símbolo de la mitología prehispánica, con el que la artista aludió a la antigua acepción mexicana del renacer que sigue
a la muerte. Pero aquella fue también una época en la que puso de relieve los sentimientos que le inspiraba su acentuada sexualidad, transformando una planta exó-

La columna rota
*1944, óleo sobre lienzo montado sobre
fibra dura, 40 × 30,7 cm
Colección particular*

*Cuentan sus alumnos que este cuadro no
tenía inicialmente la sábana que envuelve
la parte inferior de su torso, pero corrigió
la pintura al pensar que el pubis desnudo
podía desviar la atención del mensaje de
dolor de su cara. Los surcos del paisaje
árido y los múltiples clavos hincados en su
rostro y su cuerpo ensalzan de forma
contundente su dolor físico y moral.*

tica en los órganos procreativos masculinos y femeninos en *Flor de la Vida*, y exteriorizando sus temores en *La novia que se espanta de ver la vida abierta*.

En 1944, se vio obligada a llevar un aparato de acero que reflejó en su autorretrato *La columna rota*, pintura en la que su tronco erguido, abierto en canal por la mitad, parece sostenido únicamente por el corsé.

Una columna jónica con diversas fracturas simboliza su columna vertebral herida, en tanto que las lágrimas que se deslizan por sus mejillas hablan de su desesperación y soledad. Por entonces, su cuerpo se iba ya degradando a marchas forzadas y dependía cada vez más de la bebida y de las drogas medicinales para amortiguar el mal. Aquel ajustador le sujetaba la espalda, pero no aportó alivio alguno a sus dolores. A causa de su falta de apetito, adelgazó a ojos vista, lo cual comportó períodos de sobrealimentación forzada que, en algunas ocasiones, incluyeron transfusiones de sangre. En *Sin esperanza* expresó toda la aversión que sentía hacia aquella situación que le estaba tocando vivir, escribiendo en el reverso del lienzo: «No me queda ni la más pequeña esperanza... todo se mueve al ritmo de lo que ingiere el vientre.»

En 1945 le fabricaron por vez primera un zapato ortopédico con suela compensada para el pie derecho. También le colocaron un nuevo corsé de yeso cuya rigidez tampoco pudo soportar. Desde entonces, radiografías, punciones lumbares, inyecciones diversas, analgésicos, reconstituyentes, reposo en cama e inactividad se convirtieron en su cotidianidad.

Un año después, los médicos le aconsejaron que fuera intervenida en el Hospital for Special Surgery de Nueva York, ciudad a la que se desplazó en el mes de mayo acompañada por su hermana Cristina. El diagnóstico estableció que había que soldar cuatro vértebras lumbares con la ayuda de un trozo de hueso pélvico y de una placa metálica de 15 cm.

Poco después de la operación, realizada en junio, escribió al amor de su juventud Alejandro Gómez: «La *big* operación pasó. Hace ya tres *weeks* que procedieron a los cortes y recortes de huesos. Y el médico es tan maravilloso, y mi *body* tan lleno de vitalidad, que hoy me han hecho levantar sobre mi *puer feet* durante dos minutos, pero ni yo misma me lo *believo*. Las dos *first* semanas fueron de sufrimientos y lágrimas, no deseo esos dolores a *nobody* —son *buten* violentos y perniciosos—, pero esta semana aminoró el alarido y con ayuda de pastillámenes he sobrevivido más o menos bien. Tengo dos cicatrizotas en *the* espaldilla en *this* forma...», adjuntándole a título ilustrativo un dibujo que parece haber servido de modelo para el autorretrato *Árbol de la esperanza mantente firme*, lienzo que pintó para su mecenas, el ingeniero Eduardo Morillo Safa, y a quien explicó: «Ya casi le termino su primer cuadro que, desde luego, no es sino el resultado de la jija operación: Estoy yo —sentada al borde de un precipicio— con el corsé de cuero en una mano. Atrás estoy, en un carro de hospital acostada —con la cara a un paisaje—, un cacho de espalda descubierta, donde se ve la cicatriz de las cuchilladas que me metieron los cirujanos, "jijos de su... recién casada mamá".» Su cuerpo herido también es el protagonista de la atmósfera desoladora y sin vida que plasmó en el lienzo titulado *Paisaje*.

Pasó la convalecencia en Nueva York, con la prohibición de pintar, que evidentemente transgredió. En septiembre de aquel año fue galardonada con el segundo premio de la exposición anual del Palacio de Bellas Artes con la obra *Moisés* o *Núcleo solar*, cuadro inspirado en el libro de Sigmund Freud titulado *El hombre Moisés y la religión monoteísta*, que le había prestado José Domingo Lavín, otro de sus mecenas. En aquella ocasión, también figuraron entre los homenajeados José Clemente Orozco (a quien le fue otorgado el Premio Nacional de Arte y Ciencia), Gerardo Murillo, Julio Castellanos y Francisco Goitia. Aunque muy debilitada por la operación, la artista estuvo presente en la entrega de premios y recogió su galardón con gran orgullo.

Árbol de la esperanza mantente firme
1946, óleo sobre fibra dura,
55,9 × 40,6 cm
Colección particular

El dualismo de su personalidad se refleja aquí en las dos mitades del cuadro, dividido en día y noche. El sol, que en la mitología azteca se alimenta de la sangre de víctimas humanas, corresponde al cuerpo desgarrado; la luna, símbolo en cambio de feminidad, conecta con una Frida fortalecida, llena de esperanza y que mira decididamente al futuro.

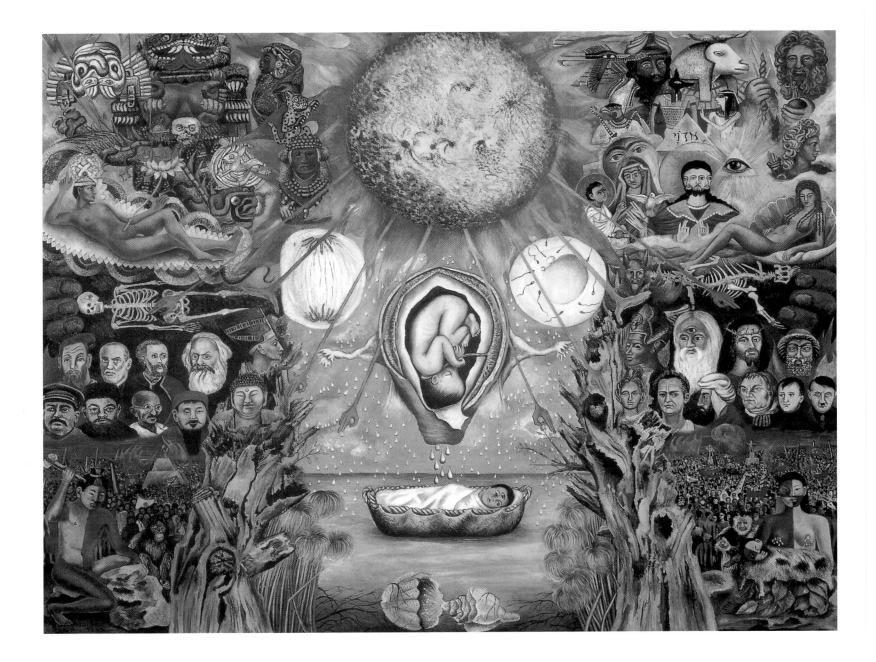

Desde su vuelta a México, le habían colocado un nuevo corsé de acero que tuvo que llevar durante ocho meses. Tras una leve mejoría, los dolores en la espalda reaparecieron con más intensidad, y la única manera de mitigarlos era con fuertes dosis de morfina que apenas toleraba. Los médicos mexicanos llegaron incluso a plantearse si no había habido un error en la fusión de vértebras practicada en Estados Unidos.

Cada vez tenía menos esperanzas de superar su delicada salud. Los facultativos prometían, los corsés se sucedían unos a otros, la atrofia de la pierna derecha empeoraba, volvía la dermatosis de la mano derecha y, a pesar de la ayuda efímera de los medicamentos y el alcohol, la moral rozaba la desesperación. La única tabla de salvación de todos esos males parecía ser aún la pintura, a la que se dedicaba muchas horas al día, haciendo gala de su esperanza frustrada en una obra tan sumamente expresiva como *El venado herido* o *Soy un pobre venadito*.

Un cuadro en el que Frida Kahlo resaltó especialmente la antigua mitología mexicana es *El abrazo de amor del universo, la tierra (México), Yo, Diego y el señor Xólotl*, en el que expresó, como en ningún otro, el principio dualista, estableciendo paralelismos con la filosofía china del Yin y el Yang. La noche y el día se introducen uno en otro. El espíritu luminoso y la materia sin luz, el sol y la luna, con-

Moisés o Núcleo solar
1945, óleo sobre fibra dura,
61 × 75,6 cm
Colección particular

En la obra de la artista es casi una obsesión la representación del inicio de la vida: la fecundación y la gestación. Éste es, tal vez, el cuadro en el que la síntesis de su exaltación embriológica se pone más de manifiesto. Resulta evidente de nuevo su amor por lo biológico y su apego a la naturaleza, especialmente en dos de sus aspectos: el humano y el vegetal.

forman el núcleo celular del universo, que abarca la tierra oscura con sus enormes brazos. La diosa terrestre Cihuacóatl, la madre dadora de la vida y bajo cuyo cobijo, según la mitología, brotan todas las plantas, sostiene a la artista en su fértil regazo, de forma similar a como lo hacía el ama india en *Mi nana y yo*. El ama es la imagen más pequeña de la madre tierra, pero allí donde del pecho brotaba leche, alimento vital, surte aquí una fuente de sangre.

La incapacidad de tener un hijo, tan dolorosamente sentida, la hizo adoptar el papel de madre con respecto a su marido. Como una virgen, sostiene en la pintura a Diego, cuya figura recuerda a la de un buda, en sus brazos. Al igual que en el cuadro *Diego y yo*, en el que Frida Kahlo se pintó con una expresión singularmente triste, quizá porque su marido la había amenazado con un segundo divorcio para así poder casarse con María Félix, el pintor está representado aquí con un tercer ojo, el ojo de la sabiduría, y sostiene en su mano el ramillete de llamas purificadoras, símbolo de renovación y renacimiento. Esta relación amorosa es custodiada en el cuadro por el perro Itzcuintli, a quien habían puesto como nombre «señor Xólotl», que aparece en postura recogida a los pies de la pareja. No se trata en este caso tan sólo de un animal casero, sino que representa al mismo tiempo al ser de la antigua mitología mexicana con figura de perro llamada Xólotl, que guarda al mundo de los muertos. El animal redondea el principio dual según la mitología prehispánica: La vida y la muerte toman parte por igual en la armónica imagen del mundo de la artista.

El venado herido o Soy un pobre venadito
1946, óleo sobre fibra dura,
22,4 × 30 cm
Colección particular

Un ciervo herido de muerte por flechas es utilizado aquí en el recurso de Frida para expresar sus cada vez más escasas esperanzas de recuperación o, cuando menos, de una cierta mejoría.
Sin embargo, la vida le mostró su faceta más dura. Desde la operación de 1946, intensos dolores corporales y profundas depresiones se convirtieron en sus inevitables acompañantes.

El abrazo de amor del universo, la tierra (México), Yo, Diego y el señor Xólotl
1949, óleo sobre lienzo, 70 × 60,5 cm
Ciudad de México: Jacques & Natasha Gelman

«Con su cabeza asiática sobre la que nace un pelo oscuro, tan delgado y fino que parece flotar en el aire, Diego es un niño grandote, inmenso, de cara amable y mirada un poco triste. Sus ojos saltones, oscuros, inteligentísimos y grandes, están difícilmente detenidos... Viéndolo desnudo, se piensa inmediatamente en un hombre rana... Su piel es blanco-verdosa...» Frida Kahlo.

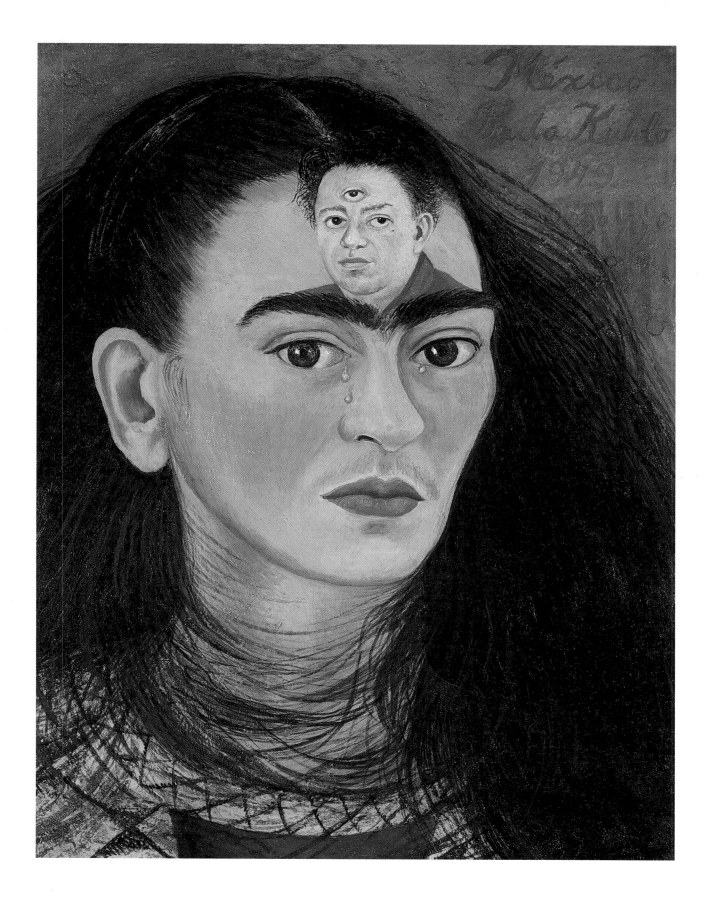

Diego y yo
1949, óleo sobre lienzo montado sobre
fibra dura, 28 × 22 cm
Colección particular

Un nuevo «affaire» amoroso de Rivera llevó
a Frida a utilizar otra vez sus largos
cabellos como un medio expresivo del dolor
que sentía dentro de su alma; enredados en
el cuello, amenazan casi con estrangularla.
Y a pesar de que la situación le produjo
incontenibles lágrimas, no podía evitar que
la presencia de su marido continuase
dominando su existencia.

Un tiempo para morir

Afinales de los años cuarenta, el estado de salud de Frida empeoró a pasos agigantados. En 1950 fue enviada durante nueve meses al hospital ABC de Ciudad de México. A causa de una insuficiencia circulatoria en la pierna derecha, cuatro dedos del pie se pusieron negros y tuvieron que ser amputados. Pero tenía cada vez más problemas con la columna. Después de la operación de 1946, la abertura que le habían practicado en la espalda se le infectó de tal manera bajo el corsé, que hacía inviable una nueva intervención en la columna. Al haberse quedado prácticamente sin defensas, la herida no quería cicatrizar y la infección se reproducía sin cesar.

Su marido decidió solicitar una estancia en el centro para poder permanecer a su lado algunas noches. La habitación de Frida no se vaciaba nunca. Comían con mucho apetito los platos que traía una de las hermanas, hablaban, reían a carcajadas e incluso a veces se peleaban. La familia Kahlo, los amigos e incluso el personal del hospital (que trataba a la artista con ciertos privilegios), todos rodeaban a la enferma, a quien, sin embargo, los meses le parecían siglos. Soportaba mal la inactividad de ese reposo forzado y se impacientaba. No fue hasta después de la sexta operación, de un total de siete, que se encontró en condiciones de trabajar de cuatro a cinco horas al día. En el fondo, la verdadera compañía, su auténtica y más fiel amiga era para ella la pintura, que al fin los médicos le autorizaron a reemprender. Era como sentirse medio salvada, aunque fuese en un hospital. Sobre la cama fue instalado un caballete especial que le permitía pintar acostada.

De vuelta a casa al cabo de un año, sentía cómo el mundo desaparecía a su alrededor y el destino le jugaba una mala pasada. Al fin y al cabo, y como ella misma decía en algún momento de alta moral, tan sólo tenía 44 años y toda una vida por delante. Pero también es cierto que varias veces la habían encontrado desmayada. «Un tiempo para morir», era lo que Frida buscaba. Para escapar a los sufrimientos, a los dolores, a Diego, a la vida, a sí misma. Bebía demasiado coñac, tequila, kahlua o todo mezclado. Sabía perfectamente el daño que se hacía, pero su desesperación era inmensa. Añadía pastillas y medicamentos a las mezclas de los alcoholes, intentando así de forma consciente acabar con su vida más que seguir en aquel estado.

Las intervenciones se realizaron bajo la responsabilidad del Dr. Juan Farill, quien se ocupó de ella mientras estuvo en el hospital. Frida escribió en su diario: «He estado enferma un año: 1950-1951. Siete operaciones en la columna vertebral, el doctor Farill me salvó. Me volvió a dar alegría de vivir. Todavía estoy en la silla de ruedas y no sé si pronto volveré a andar. Tengo el corsé de yeso que, a pesar de ser una lata pavorosa, me ayuda a sentirme mejor de la espina. No tengo dolores. Solamente un cansancio... y, como es natural, muchas veces desesperación. Una desesperación que ninguna palabra puede describir. Sin embargo, tengo ganas de vivir. Ya comencé a pintar el cuadrito que voy a regalarle al doctor Farill y que estoy haciendo con todo cariño para él.» Kahlo hacía referencia a *Autorretrato con el retrato del Dr. Farill* o *Autorretrato con el Dr. Juan Farill*, planteado en el sentido de un exvoto, puesto que

Autorretrato con el pelo suelto
*1947, óleo sobre fibra dura, 61 × 45 cm
Colección particular*

A los 37 años, el rostro de Frida Kahlo comenzó a manifestar seriamente la amargura y el pesar que la atormentaban. Hacía tan sólo un año de su delicada intervención en Nueva York y, aunque declaró después su intención de superar anímicamente aquella situación, lo cierto es que los fuertes calmantes empezaron a hacer mella en su aspecto.

Aqui me pinté yo, Frida Kahlo, con la imágen del espejo. Tengo 37 años, y es el mes de Julio de mil novecientos cuarenta y siete. En Coyoacán, México, lugar donde nací.

Autorretrato con el retrato del Dr. Farill o Autorretrato con el Dr. Juan Farill
1951, óleo sobre fibra dura,
41,5 × 50 cm
Colección particular

Tras su larga estancia en el hospital, Frida recuperó las suficientes fuerzas como para agradecer al responsable de sus operaciones, el doctor Farill, el trabajo realizado. Con el tiempo, le tomó un gran afecto y nació entre ellos una gran comprensión, ya que también el galeno caminaba con ayuda de muletas. La artista pintó el retrato con sangre de su propio corazón.

fue realizado en señal de agradecimiento por las atenciones prestadas por parte del galeno, por quien la pintora sentía, además, un profundo afecto.

Durante aquel tiempo, tan sólo podía recorrer a pie cortas distancias, siempre con la ayuda de un bastón o de muletas. También se vio obligada a desplazarse en una silla de ruedas. Por ello pasaba la mayor parte del tiempo en casa, donde una enfermera se ocupaba constantemente de ella, en tanto que su hermana Cristina y diversas amistades íntimas, especialmente mujeres, la visitaban. Se acostumbró de nuevo a pintar en cama y, cuando se sentía lo bastante bien, trasladaba los enseres al estudio o al jardín. En los últimos años de su vida realizó pocos retratos y se dedicó casi en exclusiva a las naturalezas muertas, cuya inspiración le proporcionaban los productos de su propia huerta o del mercado. Si su pintura se caracterizó hasta 1951 por una ejecución técnicamente cuidadosa, una forma de pintar casi en miniatura, lo cierto es que durante el último período, y cada vez más, sus obras reflejaron su pésimo estado de salud. Después de aquel año, los fuertes dolores no le permitían trabajar ya sin analgésicos. El creciente consumo de drogas fue, probablemente, el motivo de una pincelada más suelta, evasiva, incluso descuidada, de que el color fuese aplicado más bastamente, y la ejecución de los detalles, menos minuciosa (*Autorretrato con el retrato de Diego en el pecho y María entre las cejas*).

Esquivando el destino

Durante la primavera de 1953, la fotógrafa Lola Álvarez Bravo, amiga de Frida y en quien había reconocido su importancia como artista mexicana, organizó en su Galería de Arte Contemporáneo la primera exposición individual de su obra en México. Planteada a modo de homenaje, pues era del todo evidente el cada vez más cercano final de la pintora, Lola opinaba que había «que honrar a las personas mientras viven, para que puedan disfrutarlo, y no cuando ya están muertas.»

Autorretrato con el retrato de Diego en el pecho y María entre las cejas
1953-1954, óleo sobre fibra dura,
61 × 41 cm
Colección particular

A partir de 1951, los intensos dolores hicieron de la profesión de Frida Kahlo una actividad a la que no podía enfrentarse sin los consabidos calmantes. Aquella dependencia mermó su capacidad artística y su visión objetiva, convirtiendo su obra en una amalgama de pinceladas y colores lejana a aquella habilidad técnica que siempre había demostrado en su pintura.

El día de la inauguración, el estado de salud de Frida Kahlo era tan deplorable que los médicos le prohibieron levantarse de la cama. Como, a pesar de ello, Frida no quiso perderse aquel acontecimiento, su cama con dosel fue trasladada y emplazada en el centro de la galería y ella misma se hizo transportar en ambulancia. Momentos antes, los teléfonos no paraban de sonar y reinaba un gran nerviosismo por doquier. La prensa había invadido prácticamente el lugar, la sala estaba abarrotada y todo el mundo se preguntaba si la presencia de la pintora se haría efectiva. Por fin, y fuertemente anestesiada por las drogas, participó del modo más activo que pudo en el festejo. Señala una de sus biógrafas que le dijo en aquel instante al Dr. Farill: «Mira, doctor, hoy no puedo

morirme. Haz lo que sea para alejar a la pelona de aquí, aunque sólo sea unas horas.»
Tumbada en la camilla, iba saludando y sonriendo a sus invitados mientras era introducida en la galería y aposentada en su cama, aunque apretando los dientes de dolor. Era obvio que cualquier movimiento le suponía un gran esfuerzo, pero aun así supo corresponder a los besos y elogios de sus admiradores, quienes formaron una larga cola para saludarla. Sus incondicionales le demostraron su cariño con palabras de ánimo, pero no pudieron evitar un sentimiento de compasión. Al final, tanta agitación la dejó exhausta, pero feliz de saber el éxito que había tenido la exposición. Supo que a su amiga Lola le habían llegado incluso peticiones del extranjero solicitando información sobre ella. Pero la triunfal repercusión quedó ensombrecida por su enfermedad.

A las puertas del verano, los dolores de la pierna derecha habían llegado hasta tal punto, que los médicos decidieron aquel mismo año amputársela hasta la rodilla. A la espera de la operación, durante el día trataba de bromear, pero muchas veces se mostraba agresiva. Lo que manifestaba no era alegría ante la inminente solución de un problema que la atormentaba, sino que su desesperación se expresaba a través de un humor satírico. Por la noche, toda la Casa Azul retumbaba con sus sollozos, con sus gritos. Diego no lo soportaba y se encerraba en San Ángel. Hablaba poco, se sentía impotente e incapaz de reaccionar de una manera óptima para su esposa. En realidad, se le exigieron virtudes que no poseía, como la paciencia y la capacidad de sacrificio. Pero la intervención, que alivió el sufrimiento gracias a una pierna artificial y le permitió incluso volver a caminar, desató en Frida Kahlo una profunda depresión. Y, a pesar de que cinco meses después había ya aprendido a desplazarse en trayectos breves, su estado de ánimo era un torbellino de sensaciones: «Me amputaron la pierna hace seis meses, se me han hecho siglos de tortura y en momentos casi perdí la "razón". Sigo sintiendo ganas de suicidarme. Diego es el que me detiene por mi vanidad de creer que le puedo hacer falta. Él me lo ha dicho y lo creo. Pero nunca en la vida he sufrido más. Esperaré un tiempo.»

Naturaleza muerta
1952, óleo sobre madera, 26 × 44 cm
Colección particular

«Su ser estaba hecho de amor a la vida, amor a la materia, amor a la patria, amor a los niños, amor a la gente, amor a Diego, amor a su familia, amor a las piedras, amor a las plantas, amor a los animales, amor al color, amor al paisaje y este amor lo convirtió en pintura.» Juan O'Gorman.

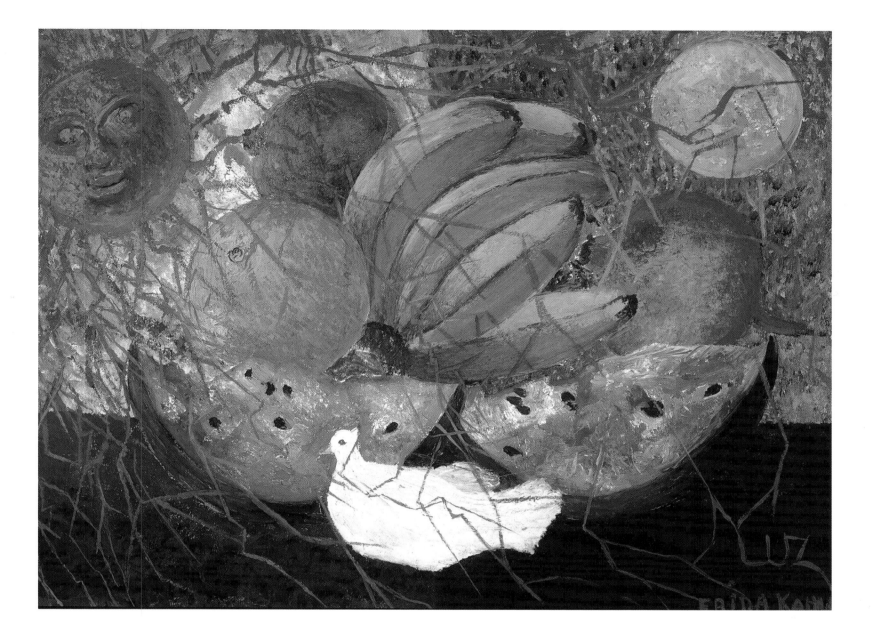

Fruta de la Vida o Luz
1953, óleo sobre masonita, 45 × 62 cm
Colección particular

A principios de los años cincuenta, Frida se dedicó con mayor asiduidad a las naturalezas muertas. Obligada a permanecer en casa y a pasar mucho tiempo recostada en la cama, los frutos de su propia huerta o los que le traían del mercado fueron su fuente de inspiración. Politizaba además los cuadros con banderas, inscripciones y palomas de la paz.

Sandías «Viva la Vida»
1954, óleo sobre masonita, 72 × 52 cm
Ciudad de México: Museo Frida Kahlo

*«Los modelos para sus naturalezas muertas
los dispone de tal modo que, al ser
pintados, recuerden, con fina y sutil
sensualidad formal y colorística, partes del
cuerpo humano: ojos y sexos, cráneos y
manos vegetales. Es así que en algunos de
sus bocetos tuvo que escribir, como para
convencerse a sí misma: "Naturaleza bien
muerta".» Raúl Flores Guerrero.*

Congreso de los pueblos por la paz
1952, óleo sobre lienzo, 19,1 × 25,1 cm
Donado por Frida Kahlo al Comité
Mexicano por la Paz. Paradero desconocido

En la medida en que sus fuerzas se lo
permitieron, la artista desempeñó en los
últimos años de su vida una activa
militancia política. En compañía del sol y
la luna, la paloma aparece sobre el árbol
de la paz vigilando la maduración de los
frutos. La fuerza del Movimiento Pacifista
impide que los hongos atómicos del fondo
consigan expandirse en toda su intensidad.

La Revolución, un motivo para existir

Por aquella época, e incluso antes de aquella última operación, su enfermizo estado tampoco le permitió expresarse políticamente en su pintura, algo que se había propuesto desde su reintegración en el Partido Comunista en 1948, pero especialmente desde 1951. En este año escribió en su diario: «Tengo mucha inquietud en el asunto de mi pintura, sobre todo para transformarla, para que sea algo útil, pues hasta ahora no he pintado sino la expresión honrada de mí misma, pero alejada absolutamente de lo que mi pintura pueda servir al Partido. Debo luchar con todas mis fuerzas para que lo poco de positivo que mi salud me deja sea en dirección de ayudar a la Revolución. La única razón real para vivir.»

Incluso en las naturalezas muertas de aquellos años (*Naturaleza muerta con «Viva la Vida y el Dr. Farill»*, un regalo asimismo para el citado médico), no escaparon de aquel intenso propósito. Ante los frutos puede verse una blanca paloma de la paz, motivo frecuente de sus cuadros de esa época. En un paisaje realizado en 1952 para el Congreso Internacional de la Paz, Frida Kahlo expresó pictóricamente su reciente colaboración en la obtención de firmas en apoyo al Congreso de la Paz, que se declaraba en franca oposición a los experimentos atómicos de las grandes potencias imperialistas. En el mismo año, Rivera mostró a su esposa como activista política en el mural *La pesadilla de la guerra y el sueño de la paz*. El propósito de incluir contenidos políticos en sus obras para «servir al partido» y «ser útil a la revolución», no se manifestó hasta la última fase creadora, sobre todo y con contenido claramente comunista, en tres cuadros: *El marxismo dará salud a los enfermos*, *Autorretrato con Stalin* y en un retrato inconcluso del propio Stalin, correspondientes todos ellos hacia 1954. Dio así a su pintura una función propagandística, aun cuando ya desde principios de su creación artística se había mostrado partidaria de los valores mexicanos posrevolucionarios y apoyaba la búsqueda de la identidad nacional.

El 2 de julio de aquel mismo año, Frida intervino en la manifestación organizada en protesta contra el derrocamiento del gobierno democrático del presidente guatemalteco Jacobo Arbenz en manos de la CIA. Enferma por entonces de una afección pulmonar, constituyó la última acción pública de la artista, quien asistió desafiando el criterio médico. Llevaba una pancarta con el símbolo de la paloma, proclamando la paz. La tarde era bastante desapacible, pero pensaba que su lugar estaba precisamente ahí, para protestar por una injusticia y para no ceder su puesto junto a Diego a nadie más. Amaba y entendía la pintura como él; nadie podría ser nunca una mejor compañera y, mucho menos, una camarada tan fiel. Por entonces, de Frida ya sólo quedaba el fantasma de sí misma; no era más que dos inmensos ojos en un rostro desfigurado, y ella lo sabía:

«Por primera vez en mi vida, me puse un pañuelo alrededor de la cabeza, sin importarme que estuviese todo arrugado.

»Podía sentir con precisión mi rostro atravesado por el dolor, la lluvia de ese día gris insinuándose en las arrugas. Ningún maquillaje. ¿Para qué? No estoy de humor para hacerme la coqueta. De todos modos, no hubiese engañado a nadie acerca de mi estado. No tenía ánimos para nada, ni tan sólo para sufrir.

»Diego empujaba mi silla de ruedas.

»Aún he querido creer que hay causas todavía más importantes que mi invalidez, que mis tormentos. Causas superiores, al lado de las cuales mis males son poca cosa. De todas maneras, si lo consideramos con atención, en su deterioro, mi cuerpo no tiene ya el menor interés. Hay que sacrificar lo individual a la grandeza de las cosas más universales. Dudarlo sería un crimen para la humanidad. Así lo creo. Miro mi fotografía tomada durante la manifestación. ¿Qué parezco? El desconcierto ambulante. Mi expresión sólo refleja tristeza.»

Autorretrato con Stalin o Frida y Stalin
h. 1954, óleo sobre fibra dura,
59 × 39 cm
Ciudad de México: Museo Frida Kahlo

En sus posteriores cuadros, Frida Kahlo intentó realizar pintura al servicio de una causa, un arte con un enfoque utilitario de mensaje político que resultó poco sincero. La idea pictórica de este óleo es parecida a la del Autorretrato con el retrato del Dr. Farill, *donde el médico actuaba a modo de salvador. Puso así de manifiesto una creencia casi religiosa en el comunismo.*

La ceremonia de un adiós

Once días después, Frida Kahlo se despedía del mundo entre las entrañables paredes de la Casa Azul. Allí tuvo lugar el velatorio, pero la ceremonia del entierro fue oficializada en el vestíbulo del Palacio Nacional de Bellas Artes, lugar en el que su cadáver, que había sido arreglado, peinado con cintas, sus manos cruzadas portando anillos y el cuerpo vestido con ricas telas, fue exhibido desde la misma tarde del fallecimiento para que recibiese los últimos honores. Como no podía ser de otra manera, también aquella postrera aparición se convirtió en un suceso espectacular. Alrededor de aquel ataúd abierto pudieron verse grandes figuras del mundo artístico, responsables políticos de alto nivel, representantes de la alta burguesía, multitud de amigos y la familia, además del antiguo presidente de la República, Lázaro Cárdenas. En un momento dado, el féretro fue cubierto con una gran bandera del Partido Comunista, lo cual provocó un escándalo y la fulminante dimisión de Andrés Iduarte, un antiguo camarada de escuela de Frida, de su puesto de director del Instituto Nacional de Bellas Artes.

Según sus amigos, fue a partir de la amputación cuando la Kahlo dejó de luchar. Durante un tiempo intentó seguir pintando, pero, según dejó escrito Diego: «Después de perder la pierna, Frida se deprimió profundamente... Había perdido por completo las ganas de vivir.» Tras su muerte, reconoció sinceramente: «El 13 de julio de 1954 fue el día más trágico de mi vida. Había perdido a mi querida Frida para siempre. Me di cuenta demasiado tarde de que la parte más maravillosa de mi vida había sido mi amor por Frida.» La última frase de su diario, interrumpido por su fallecimiento, dice: «Espero alegre la salida y espero no volver jamás.» Un párrafo referido a su abandono del hospital coincide con el punto final de su relato y con el fin de sus días. Mientras la muerte se le fue acercando de puntillas, ella se vistió ceremonialmente para permanecer en la cama y trabajar. Decía: «No estoy enferma, estoy quebrada. Pero feliz de estar viva mientras pueda pintar.»

El duelo se prolongó durante un día y una noche. Hasta la tarde del 14 de julio le rindieron admirados tributos más de 600 personas. Seguida de una innumerable procesión, su cuerpo fue posteriormente trasladado a través de la ciudad hasta el crematorio civil de Dolores. Allí, tras varios solemnes discursos, fue respetado su deseo de ser incinerada entre canciones. Sus restos fueron depositados en la Casa Azul, inmueble que Frida amó intensamente y a cuya decoración dedicó muchos años. En homenaje a su vida y a su obra, fue transformado en museo el 12 de julio de 1958. Para ello, Rivera donó la vivienda a la nación e instauró un fideicomiso en el Banco de México, quien a su vez nombró un comité técnico para su administración. Él murió un año antes de la inauguración.

La museografía estuvo a cargo de Carlos Pellicer, poeta y amigo cercano de la pintora, quien estableció un orden en toda la casa, respetando su esencia original. Existen testimonios de que, en 1951, la vivienda tenía prácticamente el mismo aspecto que hoy, es decir, decorada con artículos de arte popular mexicano, exvotos, judas de carrizo y papel encolado, juguetes de feria, muebles de ocote y oyamel, muertes de yeso, de alambre, de cartón, de azúcar, de papel de China, papeles recortados, petates, sarapes, huaraches, flores de papel y de cera, tocados, matracas, piñatas y máscaras, fotografías de seres queridos, y armarios y repisas con figuras prehispánicas. Todo ello para conservar vivo el recuerdo de una extraordinaria pintora que supo ser sujeto de su propia obra y ser considerada, además, como una de las paletas fundamentales del arte mexicano de todos los tiempos. Nadie como ella ha legado a la humanidad un testimonio biográfico tan plásticamente incisivo y pictóricamente conmovedor. De aquí su importancia no sólo como creadora de un personalísimo lenguaje, sino también como mujer intemporal y artista excepcional.

El marxismo dará salud a los enfermos
h. 1954, óleo sobre fibra dura,
76 × 51 cm
Ciudad de México: Museo Frida Kahlo

Frida Kahlo conjuró aquí la concepción utópica de que la creencia política podría liberarla de todo sufrimiento. Se representó de nuevo con su corsé de piel ante un paisaje dividido en dos, la parte pacífica de la tierra y la amenazada por la destrucción. En lo alto, la paloma de la paz. Enormes manos que encarnan el comunismo la sujetan y liberan de sus muletas.

BIBLIOGRAFÍA

ADES, Dawn: *Art in Latin America: The Modern Era, 1920-1980*. New Haven y Londres, 1989.

BADDELEY, Oriana, y FRASER, Valerie: *Drawing the Line: Art and Cultural Identity In Contemporary Latin America*. Londres y Nueva York, 1989.

BARTRA, Eli: *Mujer, ideología y arte. Ideología y política en Frida Kahlo y Diego Rivera*. Barcelona, 1987.

BILLETER, Erika (ed.): *The World of Frida Kahlo: The blue house*. Houston, 1994.

BRENNER, Anita: *Idols Behind Altars*. Nueva York, 1929.

BRETON, André: *El surrealismo y la pintura*. París, 1965.

CHADWICK, Whitney: *Women Artists and the Surrealist Movement*. Boston, 1985.

CONSTANTINE, Mildred: *Tina Modotti. A Fragile Life*. Londres, 1993.

DELAHUNT, Meagan: *La Casa Azul de Coyoacán*. Barcelona, 2002.

DEL CONDE, Teresa: *Frida Kahlo. La pintora y el mito*. México, 1992.

DEUTSCHER, Isaac: *Trotski: The Prophet Armed*. Londres, 1954.

DRUCKER, Malka: *Frida Kahlo*. México, 1995.

FLORES, Raúl: *Cinco pintores Mexicanos*. México, 1957.

FRANCO, Jean: *Plotting Women: Gender and Representation in Mexico*. Nueva York, 1989.

FUENTES, Carlos, y LOWE, Sarah M.: *The Diary of Frida Kahlo: An Intimate Self-Portrait*. Nueva York, 1998.

GARCÍA, Rupert: *Frida Kahlo: A Bibliography and Biographic Introduction*. Berkeley, 1983.

GRUENING, Ernest: *Mexico and Its Heritage*. Nueva York, 1928.

HARDIN, Terri: *Frida Kahlo: A Modern Master*. Nueva York, 1997.

HERRERA, Hayden: *Frida, a biography of Frida Kahlo*. Nueva York, 1983.

HERRERA, Hayden: *Frida Kahlo. The Paintings*. Gran Bretaña, 1991.

HOOKS, Margaret: *Tina Modotti: Photographer and Revolutionary*. Londres, 1993.

JAMIS, Rauda: *Frida Kahlo*. Barcelona, 1988.

KAHLO, Frida, y ZAMORA, Martha (ed.): *The Letters of Frida Kahlo*. San Francisco, 1995.

KETTENMANN, Andrea: *Frida Kahlo (1907-1954). Dolor y pasión*. Colonia, 1999.

LOWE, Sarah M.: *Frida Kahlo*. Nueva York, 1991.

NEVELSON, Louise: *Aubes et crépuscules*. París, 1984.

MONSIVAIS, Carlos, y VÁZQUEZ, Rafael: *Frida Kahlo: Una Vida, una Obra*. México, 1992.

MÚJICA, Bárbara: *Mi hermana Frida*. Barcelona, 2001.

OROZCO, José Clemente: *Autobiografía*. México, 1970.

PONIATOWSKA, Elena: *Cher Diego, Quiela t'embrasse*. Arlés, 1984.

PONIATOWSKA, Elena, y STELLWEG, Carla: *Frida Kahlo: The Camera Seduced*. Londres, 1992.

REED, John: *México insurgente*. Madrid, 1969.

RIVERA, Diego, y MARCH, Gladys: *My Art, My Life*. Nueva York, 1960.

SCHMECKEBIER, Laurence E.: *Modern Mexican Art*. Minneapolis, 1939.

TIBOL, Raquel: *Frida Kahlo: Una vida abierta*. México, 1983.

TROTSKI, León: *Mi vida*. Madrid, 1979.

TROTSKI, León y Natalia: *Correspondance, 1933-1938*. París, 1980.

VAN HEIJENOORT, Jean: *Con Trotsky de Prinkipo a Coyoacán, testimonio de siete años de exilio*. México, 1979.

WOLFE, Bertram: *The Fabulous Life of Diego Rivera*. Nueva York, 1963.

ZAMORA, Martha: *Frida Kahlo: El pincel de la angustia*. México, 1987.

FRIDA KAHLO EN LA CRÍTICA

«¡Cuáles fueron mi sorpresa y mi alegría al descubrir, cuando llegué a México, que su obra, concebida con absoluta ignorancia de las razones que nos hicieron actuar a mis amigos y a mí, se movía con sus últimos lienzos en pleno surrealismo! En los actuales términos del desarrollo de la pintura mexicana, que es, desde principios del siglo XIX, la que mejor se ha sustraído a toda influencia extranjera, la más profundamente prendada de sus propios recursos, encontraba en el extremo de la tierra esa misma interrogación, surgida, espontáneamente: ¿A qué leyes irracionales obedecemos, qué signos subjetivos nos permiten dirigirnos a cada instante, qué símbolos, qué mitos existen en potencia en tal amalgama de objetos, en tal trama de acontecimientos, qué sentido acordar a ese dispositivo del ojo que permite pasar del poder visual al poder visionario? El cuadro que en aquel momento estaba acabando Frida Kahlo –*Lo que el agua me ha dado*– ilustraba sin saberlo la frase que recogí poco antes de la boca de Nadja: "Soy el pensamiento en el baño en la habitación sin espejo".»

André Breton, *El surrealismo y la pintura* (1938)

«Si en tu vientre acampó la prodigiosa
rosa de los colores, si tus senos
alimentan la tierra con morenos
víveres de espesura luminosa;

si de tu anchura maternal la rosa
nocturna de los actos nochebuenos
sacó tu propia imagen con serenos
desastres en tu casa populosa;

si tus hijos nacieron con edades
que nadie puede abastecer de horas
porque hablan soledad de eternidades,

siempre estarás sobre la tierra viva,
siempre serás motín lleno de auroras,
la heroica flor de auroras sucesivas.»

Carlos Pellicer, *Tres sonetos a Frida Kahlo* (1953)

«Frida Kahlo es en realidad un ser maravilloso, provisto de una fuerza vital y un poder de resistencia al dolor mucho más allá de lo normal. A este poder está unida, como era natural, una sensibilidad superior, de una fineza y susceptibilidad increíbles. Correspondiendo a este temple nervioso, sus ojos tienen una retina igualmente excepcional. La microfotografía de ella acusa carencia de pupilas, lo cual da por resultado que los ojos de Frida miren como la lente de un microscopio. Ve mucho más allá dentro del infinito mundo pequeño de lo que nosotros vemos, y esto se une a su poder de penetración implacable de las ideas, intenciones y sentimientos de los demás. Si sus ojos tienen poder de microscopio, su cerebro tiene la potencia de un aparato de rayos X que marcara en opaco y claro la criatura del ser sensitivo-intelectual que ella observa...

»Aunque su pintura no se extienda sobre las grandes superficies de nuestros murales, por su contenido en intensidad y profundidad, más que el equivalente de nuestra cantidad y calidad, Frida Kahlo es el más grande de los pintores mexicanos... Es uno de los mejores y mayores documentos plásticos y más intensos documentos verídicos humanos de nuestro tiempo. Será de valor inestimable para el mundo del futuro.»

Bertram Wolfe, *The Fabulous Life of Diego Rivera* (1963)

«Frida Kahlo tiene una situación única, solitaria y magnífica, en el arte de México. Su tragedia hecha canto encierra pasión humana general. Se intuye, como en la buena pintura de México, que sólo en esta tierra de Tezcatlipoca se habría podido pintar así; reúne lo propio con lo gentilicio, con tan perfecto enlace que en ello reside su valor. Es una pintura trágica, referida siempre a su vida interior, asediada por dos o tres obsesiones primordiales, refinada y sangrienta, con delectación amarga en el dolor, para librarse de él y exaltar la vida. La autenticidad del sentimiento, de la angustia, es tan patente, que ha creado el lenguaje para su desgarrado monólogo hamletiano.»

Luis Cardoza y Aragón, *México. Pintura de Hoy* (1964)

«Frida nunca se desprende de la realidad sensible, ni del símbolo, ni de la imagen temática y significativa. La pintura de Frida habla con metáforas, con alusiones, con una simbología poética pero de significados inteligibles. Causa su obra la sorpresa y fascinación de la "belleza convulsiva" del surrealismo, pero al analizarla siempre comprendemos que su mensaje no es hermético, sorpresivo, alucinante, ilógico, sino la sublimación de experiencias muy concretas, generalmente vividas pero transformadas en metáforas poéticas.»

Ida Rodríguez Prampolini, *El Surrealismo y el Arte Fantástico de México* (1969)

«No hay en su obra ni una gota de pedantería, ni un rasgo de pretensión, ni un miligramo de erudición, ni una partícula de metafísica, ni un acento de demagogia, ni un momento de grosería, ni un instante de gesticulación, ni un átomo de profesionalismo. Su pintura no explica filosofías, ni redacta manifiestos: no hace alardes ni contiene trucos. No busca "plásticas", pero, eso sí, encuentra su propia expresión, la recoge como a huérfano de su inconsciente y nos la entrega para siempre.»

Juan O'Gorman, *La Palabra* (1983)

«Su casa siempre estaba abierta por la noche; iba quien quería. Eran muy sinceros en sus relaciones con la gente. Jamás vi una casa como aquella de Diego. Había princesas y reinas, una mujer más rica que Dios, obreros, trabajadores. No hacían la menor distinción... Frida era sensacional... Su obra era surrealista... Pero tal como Frida traducía el surrealismo, se parecía enormemente a México.»

Louise Nevelson, *Aubes et crépuscules* (1984)

«Mexicanísima en todas sus manifestaciones, sigue provocando un gran asombro: su pintura y su vida, su vida y su pintura, unidas entre sí como las dos Fridas, tal como ella misma las pintó.»

Elena Poniatowska, *Cher Diego, Quiela t'embrasse* (1984)

«En los años treinta, la factura de los cuadros de Frida Kahlo evoluciona hacia un minucioso academicismo en el que habría, tal vez, que reconocer la proximidad de Diego Rivera, uno de los mejores pintores académicos antes de la Revolución mexicana y que desarrolló, en los años veinte, un realismo estilizado y monumental a contracorriente de los expresionismos y de los abstraccionismos en boga en Europa. Frida Kahlo no pasó por las habituales escuelas de arte, ni siquiera por las escuelas de pintura al aire libre que se multiplicaron en los años veinte mexicanos; sin embargo, la búsqueda de verismo "fotográfico" la lleva a reencontrar las leyes del más puro academicismo (sobre todo en la descripción de su propio rostro). A finales de los treinta, Frida alcanza un perfecto dominio de su técnica y trabaja sus telas con la gracia de un miniaturista decimonónico.»

Olivier Debroise, *Frida Kahlo* (1985)

«Frida Kahlo eligió un tipo de expresión que se vincula a la expresión popular, en parte porque así le convenía y en parte por razones afectivas. Su lenguaje formal por lo común se nutrió de motivos populares; en varias ocasiones la obra es, íntegramente, recreación de un tema popular. Cuando adquiere madurez artística, deliberadamente guarda reminiscencia *naïf* en algunos cuadros, principalmente en los que ejecuta bajo inspiración de los retablos o exvotos populares. Sus lazos con el surrealismo se dan por circunstancias personales que la hacen coincidir con esta corriente en algunas de sus obras, más que en otras, aun y cuando éstas queden también dentro del género fantástico.»

Teresa del Conde, *Frida Kahlo* (1985)

«La composición es muy simple (en referencia al *Moisés*): simetría con respecto a dos ejes perpendiculares que se encuentran al centro. El sol es un gran óvulo cuyos rayos señalan, con manos diminutas, hacia dos compactas columnas humanas dispuestas a ambos lados. El núcleo central de estas columnas está constituido por los hombres que han conmovido, con su pensamiento, la atmósfera histórica de la humanidad, desde Ptah-Hotep, en Egipto, hasta Stalin en el mundo contemporáneo; hombres que han encauzado su genio en un sentido positivo o negativo pero que, en un momento dado, fueron los causantes de un giro trascendental en la vida del género humano: Platón, Cristo, Confucio, Nefertiti, Napoleón, Julio César, Gandhi, Pasteur, Buda, Marx, Hitler, Mahoma, en una confusión que es parte de su intento de expresar, plásticamente, una idea: "Lo que yo quise expresar –dijo Frida en una charla en la que trató de explicar el sentido de su obra– fue que la razón por la que las gentes necesitan inventar o imaginarse héroes y dioses es el puro miedo. Miedo a la vida y miedo a la muerte." Miedo, sí, a la vida, que está representada, en los ángulos inferiores del cuadro, por el hombre y la mujer, pilares de la sociedad que en masa –todos los pueblos juntos– aparece en el fondo. Miedo a la muerte, simbolizada en los ángulos superiores por unos esqueletos que sostienen las nubes metafísicas de las grandes religiones. Todo esto iluminado por el óvulo-sol central del cual nace Moisés, quien, niño aún, flota sobre el Nilo en el interior de una cesta.»

Raúl Guerrero Flores, *Frida Kahlo* (1985)

«Su carácter era fuerte, expansivo y penetrante. Era entusiasta y verídica; podía ornamentar la verdad, inventarla, desmenuzarla; pero jamás la tergiversaba. Era crédula; creía en la gente, en su palabra, en su historia y en sus sueños. Era celosa; celaba sus bienes, sus pasiones, sus odios y también todo lo singular que había en ella. No era humilde ni resignada y por instigación de Rivera había llegado a hacer de sí misma un motivo de culto para amigos y allegados. Si en esa actitud hubo vanidad, capricho y hasta cierta insolencia, jamás cayó en la necedad o en la soberbia; fue un punto de apoyo para su rebeldía ante la desgracia. La influencia de Rivera en su propia creación pictórica era circunstancial, nula en lo fundamental.»

Raquel Tibol, *Frida Kahlo* (1985)

ÍNDICE ALFABÉTICO DE OBRAS